CB065947

Título original: *Disrupt Disruption: How to Decode the Future, Disrupt Your Industry, and Transform Your Business*
Copyright © 2023, Pascal Finette
Published in agreement with be radical

EDIÇÃO Felipe Damorim e Leonardo Garzaro
ASSISTENTE EDITORIAL André Esteves
TRADUÇÃO Leonardo Pinto Silva
ARTE Vinicius Oliveira e Silvia Andrade
REVISÃO Isabela Figueira
PREPARAÇÃO André Esteves

CONSELHO EDITORIAL
Felipe Damorim
Leonardo Garzaro
Vinicius Oliveira

Dados Internacionais de Catalogação na Publicação (CIP)

F496d
    Finette, Pascal
    Disrompendo a disrupção: como decodificar o futuro, disromper o seu ramo de atividade e transformar o seu negócio / Pascal Finette; Tradução de Leonardo Pinto Silva; Prefácio de Chris Yeh. – Santo André-SP: Rua do Sabão, 2024.
    Título original: Disrupt disruption: how to decode the future, disrupt your industry, and transform your business
    176 p.; 14 × 21 cm
    ISBN 978-65-81462-86-4
    1. Corporativismo. 2. Desenvolvimento profissional. 3. Comportamento organizacional. I. Finette, Pascal. II. Silva, Leonardo Pinto (Tradução). III. Yeh, Chris (Prefácio). IV. Título.

CDD 331.13

Índice para catálogo sistemático:
I. Corporativismo
Elaborada por Bibliotecária Janaina Ramos – CRB-8/9166

[2024] Todos os direitos desta edição reservados à:
Editora Rua do Sabão
Rua da Fonte, 275, sala 62 B - 09040-270 - Santo André, SP.

www.editoraruadosabao.com.br
facebook.com/editoraruadosabao
instagram.com/editoraruadosabao
twitter.com/edit_ruadosabao
youtube.com/editoraruadosabao
pinterest.com/editorarua
tiktok.com/@editoraruadosabao

DISROMPENDO A DISRUPÇÃO

Como decodificar o futuro, disromper o seu ramo de atividade e transformar o seu negócio

Pascal Finette

Traduzido do inglês por Leonardo Pinto Silva

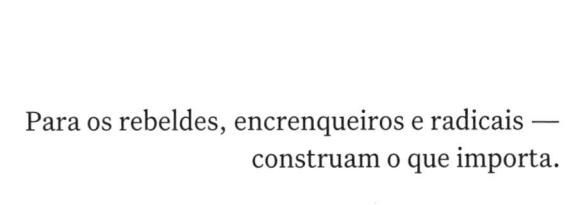

Para os rebeldes, encrenqueiros e radicais —
construam o que importa.

ÍNDICE

Nota à edição brasileira 11
Prefácio 13
Cuidado com o vão 17

Parte 1. Decodificar 23
1. Decodificando o futuro 25
1.1. O futuro é... 26
1.2. Detectando um sinal fraco 34
1.3. Detectando sinais fortes 41

Parte 2. Disromper 49
2. Disrompendo o futuro 51
2.1. Disrompendo a disrupção 54
2.2. O modelo de mudança de estados 59
2.3. A relevância da relevância sustentável 68

Parte 3. Transformar 79
3. Transformando o futuro 81
3.1. Falhas (Os quatro cavaleiros) 82
3.2. Soluções 92
3.2.1. Chave 1: Raciocinando a partir da primeira causa 96
3.2.2. Chave 2: Agilidade em todos os lugares 108
3.2.3. Chave 3: Núcleo e borda 115
3.2.4. Chave 4: Liderança 134
3.2.5. Chave 5: Re/Qualificação 149

Sua vez 158

Agradecimentos 161
Referências 163

Se você vai atravessar o inferno, não pare.
— Winston Churchill

NOTA À EDIÇÃO BRASILEIRA

Há mais de 15 anos, conheci Pascal em uma palestra da Endeavor. Foi nesse momento que Pascal me apresentou os gráficos de crescimentos exponenciais, e pela primeira vez compreendi algo óbvio: nem todas as empresas crescem da mesma maneira. Embora os modelos de negócios sejam cruciais, a experiência me ensinou que esses modelos evoluem com o tempo. A inovação é um dos pilares fundamentais para melhorar o modelo de negócio, o que é necessário para alcançar um crescimento significativo. A palestra de Pascal marcou minha vida como empreendedor. Quando procuramos por um palestrante para o nosso evento In Motion no Brasil, ele foi a opção óbvia.

Este não é um livro de inovação, é um livro de negócios. As empresas que não inovam ficam para trás. Sempre podemos encontrar uma forma para que nossos clientes satisfaçam melhor suas necessidades. Se não o fizermos, outros o farão.

No livro, Pascal descreve uma estrutura de trabalho para a inovação, com conceitos para usar no dia a dia e fazer com que a empresa se torne mais inovadora e floresça, sem postergar as inovações pelas operações diárias.

As empresas que conseguem gerar uma cultura de inovação têm uma vantagem sobre as demais, e isso só se consegue a partir da liderança. Se os líderes não entenderem como funciona a inovação e como implementá-la, a empresa nunca desenvolverá uma cultura de inovação. Se os líderes estiverem interessados em fazer crescer o seu negócio, devem ler o livro de Pascal Finette.

Raul Polakof,
CEO e co-founder Scanntech

PREFÁCIO

Lembro-me da noite em que Pascal e eu nos conhecemos. Eu tinha participado de mais um evento do ramo, como costumava fazer naquela época, quando fui apresentado a um sujeito alto, magro e entusiasmado, com um nome que parecia francês e um sotaque alemão. Na época, ele trabalhava para o Google, mas a julgar por sua inquietação, eu pude imaginar que a sonolenta vida corporativa — por mais admirável que fosse a empresa — não era seu destino.

Aquele encontro aleatório e casual se transformou numa amizade de uma década. Continuamos nos encontrando, como na ocasião em que descobrimos que ambos éramos mentores de empreendedores sociais para o Unreasonable Group, e passamos uma noite agradável em Boulder, no Colorado, degustando um *bourbon* de qualidade e falando do nosso entusiasmo por poder trabalhar com inovadores tão incríveis. Com o passar do tempo, até botamos o pé na estrada e fizemos palestras juntos, já que os assuntos em que nos especializamos — disrupção e *blitzscaling* — são tão complementares (inclusive nas páginas deste livro!).

O *blitzscaling*, busca de um crescimento rápido em que a velocidade em detrimento da eficiência tem prioridade diante da incerteza, é uma força poderosa que ajudou a construir empresas como Apple, Amazon e Airbnb, mas só pode obter sucesso sob um conjunto muito específico de circunstâncias. O objetivo do *blitzscaling* é assegurar ao vencedor da concorrência uma valiosa fatia de mercado; esse tipo de oportunidade só se apresenta num mercado novo ou recém-transformado.

Noutras palavras, a disrupção é a precondição necessária para o *blitzscaling*.

Assim sendo, qualquer empreendedor, intraempreendedor ou CEO que queira ganhar o jogo tem que se antecipar à concorrência e desenvolver um olhar aguçado para detectar uma oportunidade proporcionada pela disrupção, além de um estômago forte para o implacável *blitzscaling* necessário a fim de se tornar um líder de mercado duradouro numa nova multibilionária ou multitrilionária indústria.

Até aqui, no entanto, detectar disrupções tem sido mais uma arte do que uma ciência. O falecido Clayton Christensen foi o primeiro a definir inovação disruptiva, observando que as tecnologias disruptivas parecem ser inicialmente ignoradas pelas empresas consolidadas, depois gradualmente as alcançam e as ultrapassam. Esse padrão nem sempre facilita identificar disrupções. Afinal, existem muitas tecnologias novas e inferiores! A grande maioria dessas inovações está fadada a desaparecer rapidamente e ser esquecida, e tentar dimensionar todas as oportunidades que criam faz com que atear fogo a uma pilha de dinheiro pareça um ato de responsabilidade financeira.

O que estávamos precisando era de um conjunto prático de diretrizes para descobrir hoje o que será importante amanhã.

Este livro pode fazer isso por você. Página após página e capítulo após capítulo, Pascal mergulha profundamente nas várias e diferentes facetas da disrupção, seus antecedentes e consequências, e como ela pode impactar você mesmo e o seu negócio. Em alguns casos, você lerá sobre exemplos icônicos de disrupção, como o caso do iPhone, mas Pascal dá nova vida a essas histórias com perspectivas novas e perspicazes e detalhes que outros preferem ignorar ou omitir. Em outros casos, você conhecerá relatos de vários profissionais com quem Pascal trabalhou para identificar a disrupção e, ainda mais importante, implementá-la com sucesso.

E em cada capítulo, Pascal fornece um resumo ponto a ponto das conclusões e percepções mais importantes. Você vai querer comprar uma cópia impressa deste livro apenas para prestar atenção a cada um dos seus *resumindo*!

Além do conteúdo, que é excelente, você também perceberá a inimitável voz de Pascal em todas as páginas — atenciosa, prestativa e animada com o que está por vir. Se quer imaginar e criar o futuro, você encontrou o seu guia perfeito.

Chris Yeh
Coautor do best-seller *Blitzscaling: o caminho vertiginoso para construir negócios extremamente valiosos* e sócio da Blitzscaling Ventures

Novembro de 2022

Cuidado com o vão

Se quisermos que as coisas permaneçam como estão, será preciso mudá-las.
— Giuseppe Tomasi di Lampedusa, O Leopardo

Trinta anos atrás, num dia de primavera excepcionalmente ensolarado nos arredores de Berlim, na Alemanha, uma versão muito mais jovem de mim mesmo guiava um surrado sedã Toyota vermelho-brasa com o olhar fixo em duas pilhas de caixas de isopor. Minha tarefa era simples: não esbarrar nas caixas. Fui instruído a acelerar rapidamente e pisar forte no freio assim que as rodas do meu carro tocassem uma grande lona plástica encharcada de água. Tudo o que eu precisava fazer era não bater nas caixas enquanto o veículo patinava sobre a lona. Acertei as caixas cinco vezes seguidas.

Eu teria acertado a já estropiada pilha de caixas pela sexta vez se não fosse pela instrutora do treinamento de segurança para motoristas do qual eu estava participando. Em vez de fixar o olhar no obstáculo que estava tentando evitar, ela me pediu para prestar atenção para o vão que eu estava tentando atravessar. E eis que funcionou.

Tome qualquer pessoa cujo trabalho seja navegar por obstáculos — de pilotos de Fórmula 1 a canoístas de águas revoltas a capitães de navios cargueiros a caminho do porto — e repare como eles se concentram apenas no vão, nunca no obstáculo.

O mesmo vale para a nossa jornada para decodificar e dominar a inovação, disrupção e transformação. Muitas vezes, nos fixamos no obstáculo e não no vão. Este livro mostra como encontrar e navegar com sucesso pelo vão — o caminho difícil, mas identificável, que um líder deve encontrar para percorrer os desafios (às vezes letais) da transformação. Você aprenderá a decodificar o futuro, revolucionar o seu setor e transformar o seu negócio.

Disrompendo a disrupção

A disrupção está em toda parte — e em nenhum lugar é mais presente do que no mundo dos negócios. Você não é capaz de acessar um site de notícias, navegar por uma revista ou ler uma postagem no LinkedIn sem que alguém proclame (em voz alta) mais um caso de "disrupção". Indústrias e empresas são disrompidas, os disruptores são saudados como gladiadores modernos e os disrompidos vão parar sob a luz dos holofotes e exibem sua última risada antes de serem relegados ao ostracismo perpétuo. Eu costumava trabalhar para uma importante instituição formadora de executivos no coração do Vale do Silício, a terra prometida quando o assunto é disrupção; certamente tenho minha parcela de culpa pela banalização do uso do termo "disrupção".

Nosso mundo hoje é moldado pelas forças exponencialmente aceleradoras da tecnologia. De computadores, inteligência artificial e robótica aos avanços dramáticos que estamos fazendo nas ciências biológicas e muitos mais, não há um único setor que não esteja passando por mudanças rápidas. Acrescente a isso uma paisagem geopolítica altamente complexa e em constante mudança e consumidores cujas preferências mudam abruptamente e você terá todos os ingredientes para uma tempestade perfeita.

Resistir, navegar e prosperar nas águas turbulentas que acompanham essa tempestade exigem que desaprendamos muitas das habilidades de liderança que nos serviram tão bem em tempos de relativa calma e estabilidade e nos apoiemos num novo conjunto de habilidades.

Compreender a disrupção, preparar a nós mesmos e aos nossos negócios para o futuro e aprender a enfrentar as ondas de mudança são, hoje em dia, uma das mais importantes — ou a mais importante — habilidade de um líder.

No entanto, como diz o velho ditado, só enxergamos as árvores e não a floresta. Lemos, discutimos e pensamos sobre inovação, disrupção e transformação — e nos perdemos na profunda e obscura mata das verdades inúteis: podem ser verdadeiras, mas não significam nada na prática. É vasto o cânone literário que nos faz menear e, ao mesmo tempo, coçar a cabeça com indagações sobre o que fazer com essas informações. Vai desde conselhos para ser mais "ágil" sem explicar o que isso significa em termos práticos até uma série inteira de artigos numa respeitada publicação de negócios sobre "trabalho humanizado". Acrescente a isso o outro lado da moeda — textos acadêmicos e livros escritos com base neles tentando consolidar uma realidade inerentemente dinâmica e confusa em fórmulas matemáticas e fluxogramas — e você não encontrará melhor exemplo: um livro instigante, mas nada prático.

Muitos dos conselhos e insights beiram a platitude ou não se sustentam quando você tenta adotá-los. Com frequência, quem opera na linha de frente da mudança disruptiva não consegue pôr em prática teorias e modelos sofisticados.

Vivi isso na carne ao ensinar os meandros da disrupção na instituição formadora de executivos mencionada anteriormente. Trabalhei para algumas das empresas mais inovadoras e disruptivas de seu tempo — eBay, Mozilla Firefox e Google —; construí meus negócios; ministrei *masterclasses* nas melhores escolas do mundo, incluindo London Business School, ESMT Berlin, IMD da Suíça, Berkeley Haas e Universidade Stanford; e assessorei empresas da Fortune 500 e PMEs em todo o mundo sobre o tema. Como alguém que passou toda a sua carreira nas trincheiras da mudança disruptiva, fiquei totalmente frustrado com a falta de um guia claro, prático e comprovado para gerenciá-la com sucesso. Então decidi escrever um.

No decorrer deste trabalho, entrevistei mais de 250 profissionais líderes mundiais — pessoas que transformaram com sucesso empresas e indústrias. Fiz a eles uma pergunta direta. Eu não estava interessado na teoria ou na estratégia; tudo o que eu queria saber era: o que você está fazendo? Em outras palavras: como fixar o olhar no vão?

O resultado de quatro anos de estudo aprofundado, referenciado em literatura sobre inovação, disrupção e transformação — tudo isso testado e refinado com os clientes da be radical, a empresa de consultoria que cofundei — se constitui nos alicerces para este livro.

Se você está envolvido com um empreendimento inovador, é o responsável por disromper seu setor ou a maneira antiga como sua empresa faz as coisas, ou faz parte de uma iniciativa de transformação, este livro é para você. Os insights, ferramentas e estruturas lhe serão muito úteis, independentemente da função, nível ou cargo que ocupa. Ao longo da nossa jornada, você aprenderá a decifrar os sinais que prenunciam nosso futuro, obterá uma perspectiva diferente sobre a disrupção, explorará as quatro falhas mais comuns das iniciativas de transformação e descobrirá as cinco chaves para desbloquear mudanças disruptivas na sua empresa. Este livro irá ajudá-lo a começar e avançar na jornada — uma jornada que, devo acrescentar, jamais terá um fim.

Em sua peça de 1905, *Homem e super-homem*, o dramaturgo irlandês George Bernard Shaw observou que "o homem razoável se adapta ao mundo; o irracional persiste em tentar adaptar o mundo a si mesmo. Portanto, todo progresso depende do homem irracional" (Shaw, 1962).

Vamos ser irracionais, pôr mãos à obra e nos concentrar no vão.

PARTE UM
DECODIFICAR

1. Decodificando o futuro

Estou interessado no futuro porque espero passar o resto da minha vida nele.
— Charles F. Kettering

"O passado é um país estrangeiro. Eles fazem as coisas de forma diferente lá." A primeira linha do imortal *O mensageiro*, livro do romancista e contista britânico L. P. Hartley, sintetiza com muita sagacidade os problemas inerentes à memória e à história. Da mesma forma que o passado parece um país estrangeiro, o mesmo acontece com o futuro — que se apresenta na forma de um nevoeiro denso e aparentemente indevassável.

Na nossa jornada para gerir mudanças disruptivas com sucesso, começamos por decodificar o futuro. Surfamos habilmente o tsunami provocado por inovações emergentes cada vez mais rápidas e as mudanças que elas criam. Por mais distantes que o passado e o futuro possam parecer, podemos aprender com eles. Aprender com o passado é uma prática comum: pense na prática esportiva em que tentamos, falhamos, aprendemos e ensaiamos ou na célebre (e infame) metodologia Startup Enxuta (Ries, 2011), que trouxe a mesma abordagem para o mundo dos negócios. Fazer isso em relação ao nosso futuro é igualmente valioso. Nossa primeira tarefa será perscrutar o nevoeiro, detectar os primeiros indicadores de mudança bem antes que se transformem em tendências e avaliar cuidadosamente o que descobrimos para ter a certeza de que estamos no caminho certo.

Mas antes de chegar lá, vamos falar sobre o futuro em geral.

Em seu livro *A arte da visão de longo prazo: Planejando o futuro em um mundo de incertezas*, o futurólogo Peter Schwartz cunhou o termo "futuro oficial" (2012). O seu futuro oficial é a premissa que você tem de como o futuro se desenrolará — para você mesmo, para a sua família, para a sua comunidade e para a sua empresa. É a história que uma empresa conta a si mesma sobre como as coisas serão — em que tipo de atividade estará, qual será a taxa de crescimento e qual o lucro que terá com a venda de seus produtos e serviços. O futuro é, por definição, incognoscível. Não há apenas uma maneira "oficial" possível de o futuro se desenrolar, mas uma quantidade virtualmente *ilimitada* de futuros possíveis. O escopo dos futuros possíveis é ampliado à medida que nos aproximamos dele, e depende de fatores econômicos, políticos e sociais. Quanto maior for a distância entre o aqui e o agora e o futuro, menos você será capaz de determinar sua direção e sua força — criando incertezas que se acumulam num conjunto cada vez maior de futuros possíveis.

Seu "futuro oficial" é inerentemente limitado — uma visão de um futuro singular com base num só conjunto de suposições e insights. A tarefa — melhor dizendo, a obrigação — do futuro líder é "matar o futuro oficial" (Crews, 2015) e abraçar o espectro de futuros possíveis. No processo, você encontrará e traçará o seu curso em direção ao seu futuro de escolha.

Você não tem *um* futuro. Você tem *muitos* futuros.

▶ 1.1. O futuro é...

É muito difícil fazer previsões, especialmente sobre o futuro.
— Niels Bohr

O ano é 1993. *Arquivo X* fez sua estreia na televisão e nos mostrou, de uma vez por todas, que "a verdade está lá fora". Naquele mesmo ano, Marc Andreessen, hoje um dos investidores de capital de risco mais bem-sucedidos do mundo, e o especialista em Unix, Eric Bina, lançaram o NCSA Mosaic, o primeiro navegador apropriado para a web (Computer History Museum, s.d.). A Intel lançou o chip Pentium, a Apple o computador de mão Newton, e a primeira edição da revista de tecnologia *Wired*, que definiu uma era, chegou às bancas proclamando que "a revolução digital está passando por nossas vidas como um tufão varre o golfo de Bengala".

Este também foi o ano em que a gigante de telecomunicações norte-americana AT&T encarregou o documentarista David Hoffman de produzir um vídeo promocional delineando sua visão para o futuro da computação. Valendo-se de desenhos engraçadinhos, ele delineou "uma comunidade eletrônica onde as pessoas podem se comunicar de forma fácil e barata, obter e compartilhar informações, aprender, brincar, fazer compras". A AT&T chamou este serviço de "PersonaLink" e explicou: "você pode imaginar nosso ponto de encontro eletrônico como uma *nuvem*" (Hoffman, 2013).

Se esse termo lhe parece familiar... Passaram-se uns bons dez anos entre a AT&T cunhar o termo em seu vídeo PersonaLink e o lançamento da Amazon Web Services (AWS), pela Amazon, em meados de 2002. Só então passamos a relacionar a palavra nuvem a servidores de computador em *data centers* e não àquelas formas fofas brancas no céu. Pode pesquisar na internet a palavra "nuvem" no seu mecanismo de pesquisa preferido. Os principais resultados referem-se a serviços de computação em nuvem, não ao "acúmulo de vapor visível, ou partículas aquosas, suspensas na atmosfera superior" (Miriam-Webster, s.d.).

O mesmo aconteceu com outros termos, que ganharam um significado totalmente novo devido à maneira como a tecnologia assumiu o controle: *handle* [alça] tornou-se um identificador on-line (usado para se apresentar a milhões de outros usuários em todo o mundo), não mais aquele objeto em que você apoia as mãos. *Trolls* deixaram de ser seres sobrenaturais e se transformaram em pessoas hostis que assediam outras na internet, e um *tweet* ["tuíte", referindo-se ao antigo Twitter, hoje X] costumava ser a vocalização de um pássaro.

Dez anos podem parecer longos e breves ao mesmo tempo. É o hiato de tempo entre a AT&T apresentar sua inovação e essa inovação se tornar profundamente disruptiva. A disrupção, que poderia ter sido detectada cedo, levou uma década para se materializar.

Mas a AT&T não parou por aí: ao longo de seis minutos e quarenta e sete segundos, o vídeo descreve redes sociais on-line (anos antes de Friendster, Myspace e, agora, Facebook), navegação baseada em telefone celular (só em 2007 o Google Maps fez sua estreia) e agentes inteligentes — um conceito que agora é conhecido pela sigla RPA (*Robotic Process Automation*, um dos queridinhos da comunidade empresarial nos dias de hoje). Foi preciso ao menos uma década inteira até que um desses conceitos fosse massificado.

Kevin Kelly, editor-executivo e fundador da revista *Wired*, por excelência um visionário da tecnologia, não se cansa de apontar em seu livro *Inevitável* (2017): quando o assunto é tecnologia, o futuro já aconteceu. Nós estamos apenas correndo atrás. A tecnologia, de fato, tornou-se inevitável.

O futuro é um paradoxo

"O futuro é…" — como você completaria esta frase? Qual palavra lhe vem à mente primeiro? Brilhante? Agora? Incerto? Assustador? Talvez sua resposta tenha mudado à medida que você foi envelhecendo — de uma excitação pura e imaculada ao pensar no futuro no momento em que deixou a faculdade para uma perspectiva mais sombria depois de assistir ao documentário sobre mudanças climáticas *Uma Verdade Inconveniente*, de Al Gore (2006). Ou talvez ele mude a depender das manchetes do dia?

Antes de começarmos a decodificar o futuro, deveríamos conferir dentro de nós nossas suposições, perspectivas e preconceitos em relação a ele. Ao longo dos anos, meus colegas na be radical e eu fizemos essa pergunta a dezenas de milhares de pessoas em todo o mundo, desde alunos do ensino médio até CEOs da Fortune 500. As respostas ocupam todo o espectro

— do otimismo louco ao pessimismo fatalista. E estão todas corretas! Cada uma das respostas está certa: o futuro é tudo isso ao mesmo tempo.

Considerando o nosso futuro, muitas vezes enfrentamos incertezas, ambiguidades, preocupações e medos. Pense na crise climática ou na situação política em muitos países ao redor do mundo. No entanto, são vários os momentos em nossas vidas cotidianas que apresentam o futuro sob uma luz brilhante e esperançosa (como os pais atestarão quando olharem nos olhos de seu filho recém-nascido e enxergarem ali oportunidades ilimitadas). Sua resposta para "o futuro é..." ressalta sua predisposição natural. Ao mesmo tempo, você deve entender e considerar que sua perspectiva não corresponde necessariamente àquela das pessoas ao seu redor — sua família, amigos, colegas de trabalho e clientes. Além disso, muitas vezes temos várias crenças sobre o futuro com base nas particularidades da situação em que nos encontramos. O futuro é um paradoxo.

Não apenas nossa atitude em relação ao futuro se apresenta como um fractal muito mais complexo, mas igualmente nossa capacidade de decodificar o futuro: o futuro não está escrito e é inerentemente incognoscível. Como ressalta a Dra. Margaret Heffernan, futuróloga e escritora: "Qualquer um que lhe diga que pode prever o futuro provavelmente está apenas tentando se apropriar dele" (2020). Como vimos no exemplo do vídeo PersonaLink da AT&T, especialmente em relação à tecnologia, podemos identificar o futuro emergente se o examinarmos bem de perto.

Quer saber como seria o futuro dos celulares *antes* de a Apple lançar o iPhone, em 2007? Basta olhar para os dispositivos Magic Cap, da General Magic, que vieram ao mundo em 1994; eles tinham a maioria dos recursos que tornaram o iPhone um sucesso (embora, é claro, de uma forma muito mais rudimentar). Os dispositivos portáteis traziam uma interface gráfica sensível ao toque, familiar e intuitiva, que incluía uma mesa de trabalho com caixa de correio, um Rolodex para contatos, um bloco de notas e uma lixeirinha. Tinham até um pequeno relógio-cuco digital (sim, aqueles curiosos relógios da Floresta Negra com o pássaro de madeira anunciando a hora) — veja também o próximo capítulo. Tudo isso durante quase vinte anos antes da estreia do iPhone — até mesmo a maneira como o dispositivo se conectava à rede de dados era bem mais lenta e deselegante. Em vez de usar uma conexão sem fio móvel imperceptível operando a megabits por segundo, era preciso conectar o cabo do telefone a uma pequena entrada na lateral do dispositivo. A General Magic era o futuro — só que muito cedo, demasiadamente cedo.

O futuro é realmente um paradoxo pois engloba posições aparentemente contraditórias: inexistentes, mas já presentes aqui, não escritas, mas visíveis em sinais ao nosso redor, um indicador de esperança, mas também de ansiedade.

O futuro é incerto

Se o futuro é um paradoxo, como podemos melhor abraçar toda a sua complexidade e estranheza e lhe dar algum sentido? No início dos anos 80, o engenheiro de software Barry Boehm foi o primeiro a aplicar um conceito do mundo da engenharia e construção da indústria química para além desse nicho: o Cone da Incerteza (Boehm, 1981). Mapeando a quantidade de incerteza ao longo da vida útil de um projeto, o cone da incerteza oferece uma ferramenta valiosa para criar estimativas e projeções mais precisas em áreas que vão desde projetos de engenharia complexos até a previsão de furacões. Quanto mais olhamos para o futuro, mais profunda e maior se torna a incerteza em que estamos ingressando.

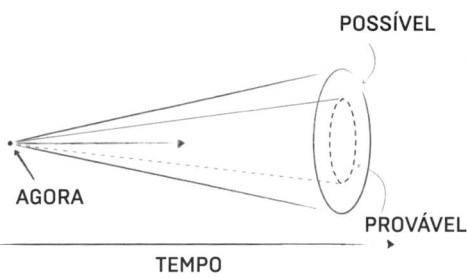

Figura 1 – O Cone da Incerteza

Quando examinamos o futuro como uma linha do tempo em constante expansão — um futuro existe um dia, uma semana, um mês, um ano, uma década a partir de agora —, assumimos a noção de um futuro singular e linear. Uma única linha conecta o lugar onde estamos hoje ao futuro oficial. Mas o futuro é incerto. Em vez de uma linha bem desenhada, nosso futuro é um cone em expansão de prováveis futuros (plural, não singular) cercado por um cone ainda mais amplo de possíveis futuros. Nosso papel como líderes no mundo atual de maior incerteza e complexidade é explorar e decodificar os limites superiores e inferiores desses cones e, em seguida, traçar nosso curso através desses limites — criando um futuro intencional e preferido.

Ao acolher a incerteza em nossa perspectiva sobre o futuro, em vez de nos dedicarmos à fútil tentativa de controlá-la, a incerteza se torna uma janela para um mundo de possibilidades.

Lembre-se: você não tem *um* futuro. Você tem *muitos* futuros.

O futuro é exponencial

Há quase sessenta anos, Gordon Moore, cofundador da fabricante de chips Intel, previu que o número de transistores num circuito integrado duplicaria a cada dois anos. A previsão de Moore ficou conhecida como "Lei de Moore" e se manteve estável por seis décadas. Por causa desse insight é que seu telefone celular é (muito) mais poderoso do que um supercomputador da década de 1980, e infinitamente mais poderoso do que o computador que levou os humanos com segurança à Lua em 1969 (Intel, s.d.).

Trinta anos antes de Gordon Moore, Theodore Paul Wright — engenheiro aeronáutico e educador estadunidense — estudou a pujante indústria aeronáutica. Ele observou que a demanda por mão de obra diminuía entre 10% e 15% a cada vez que a produção de aviões era duplicada. Mais tarde, ele publicou suas descobertas, hoje conhecidas simplesmente como "Lei de Wright" (Ark Invest, 2020). Simplificando, Wright descobriu que, no mundo da tecnologia, para cada vez que a produção dobra, o custo cai numa porcentagem fixa: quanto mais você produz algo, mais barato este algo fica, e o progresso se torna uma engrenagem em rotação. A Lei de Wright, conforme demonstrou um artigo do Instituto Santa Fe (Nagy et al., 2012), aplica-se a inúmeras inovações tecnológicas, do automóvel à televisão, modernas tecnologias de baterias e *microchips* (transformando a Lei de Moore em um caso particular da Lei de Wright).

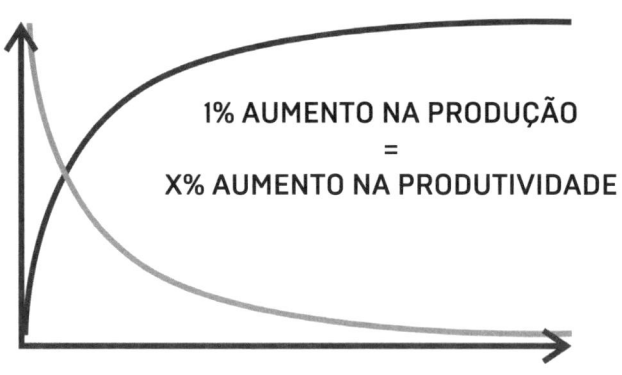

Figura 2 – Lei de Wright

A importância da Lei de Wright na decodificação do futuro não pode jamais ser subestimada: à medida que começamos a produzir uma quantidade maior de um dispositivo específico e aprendemos a otimizar sua fabricação, reduzindo custos e acelerando processos, seu preço despenca. À medida que o produto se torna mais acessível, alcançamos mercados maiores, o que leva a uma demanda maior e resulta em mais unidades sendo fabricadas, que por sua vez ficam cada vez mais baratas, levando a um aumento contínuo da demanda. Uma vez que a engrenagem começa a girar, ela continua acelerando.[1] Isso é, obviamente, ótimo para os consumidores: eles podem comprar produtos melhores com menos dinheiro com o passar do tempo. Um smartphone Android hoje é muito mais barato e poderoso do que o mesmo dispositivo vendido por um preço muito mais alto há poucos anos.

Para as empresas, isso apresenta um dilema interessante: trilhar o caminho da Lei de Wright e manter sua marca vendendo dispositivos cada vez mais baratos, ou fazer o que a Apple faz. Mantendo sua vantagem tecnológica, introduzindo constantemente novos avanços e recursos e concentrando-se incansavelmente nas necessidades de seus clientes, o iPhone permanece no topo do mercado, permitindo à empresa operar com suas generosas margens de lucro. A Apple está surfando na crista da onda do smartphone.

Plotar a Lei de Wright (e a Lei de Moore, aliás) numa curva revela a natureza exponencial do efeito — o que também revela o desafio que temos com as exponenciais: nossos cérebros têm dificuldade em processá-las. O que parece uma mudança muito discreta no início subitamente acelera e sobe quase ver-

---

[1] NB: Isso é verdade até certo ponto: nenhum desenvolvimento é exponencial *ad infinitum*, mas se achata ao longo do tempo, resultando na prática numa curva em S. Aplicando a Lei de Wright a isso, a demanda com o passar do tempo diminui (a demanda por um determinado produto ou serviço nunca é ilimitada), o que leva a uma suavização da curva de aprendizado. Lembre-se, a curva de aprendizagem segue a curva de demanda. Para nossos propósitos, nos concentramos nos primeiros dois terços da curva S resultante — o que Geoffrey Moore chama de "zona de incubação e transformação".

ticalmente. Para citar Ernest Hemingway em *O sol também se levanta* (1954), o futuro acontece "gradualmente, e depois de repente".

A AT&T anunciou que encerraria o PersonaLink em 11 de julho de 1996 — quase um ano depois que a Amazon começou a vender livros na internet (Howe, 1996). Prever como o futuro se desenrolará é difícil, por todas as razões descritas anteriormente. Mas difícil não significa impossível. Tudo isso levanta a questão: como sabemos o que virá a seguir?

Resumindo

Ao fazer previsões sobre o futuro, considere os seguintes pontos:

- Fazer previsões definitivas sobre o futuro é impossível.
- Identificar sinais/indicadores precoces de possíveis futuros é possível.
- As nossas crenças e vieses moldam a nossa visão do futuro.
- Quanto mais projetamos e imaginamos o futuro, maior a incerteza e maior o espectro de futuros possíveis.
- O futuro está sendo cada vez mais influenciado por tecnologias exponencialmente aceleradas.

▶ 1.2. Detectando um sinal fraco

Essas ondas de tecnologia, você pode vê-las muito antes de acontecerem, e você só tem que escolher com sabedoria em quais delas vai surfar.
— Steve Jobs

Sabia que há um *console* de jogos que também é um teste de gravidez? Seis meses após o confinamento da Covid-19, uma hacker de computador, que atende pelo apelido de Foone, decidiu comprar um teste de gravidez digital. O dispositivo, descartável e de uso único, é do tamanho de uma caneta e pode ser comprado no mercado por cerca de US$ 3,50. Foone ficou curiosa sobre o funcionamento interno do dispositivo e fez o que todo bom hacker faria: o desmontou.

Uma vez removido do seu invólucro de plástico protetor, um teste de gravidez padrão revelou ser um teste típico, com tiras que reagem à gonadotrofina coriônica humana, hCG. Um sensor que lê os resultados do teste transmite os dados para um chip de computador alimentado por uma bateria para mostrar num visor se a mulher está grávida ou não (Foone, 2020).

Foone não parou por aqui: começou a pesquisar o preço e o poder computacional do chip usado no dispositivo. Lembre-se: trata-se de um teste descartável de uso único; a maioria de nós não o consideraria um "computador". Foone descobriu algo notável: o chip custa poucos centavos, mas tem aproximadamente o mesmo poder de computação que o IBM PC original de 1981 — o mesmo dispositivo que deu ao mundo o Word e o Excel e se constituiu na plataforma de lançamento do império Microsoft de Bill Gates hoje está disponível num teste de gravidez vendido no mercado. E como Foone é uma hacker, ela carregou o videogame Doom no teste de gravidez para que você possa caçar demônios numa colônia de Marte enquanto espera pelos resultados. E não, não é realmente uma versão totalmente jogável do game — em vez disso, uma versão funcional e autoexecutável. Ainda assim... faz a gente se perguntar o que isso revela sobre a nossa visão da humanidade quando optamos por nos divertir exterminando monstros no Doom enquanto esperamos pelos resultados do teste de gravidez.

Você pode estar rindo agora ou pensando "já fomos longe demais" desde os primeiros dias da computação, quando um IBM PC custava US$ 1.565 em seu lançamento, há cerca de quarenta anos (cerca de US$ 5.500 em dinheiro de hoje). Proponho que você encare isso como um sinal fraco, um indicador incipiente de mudança, ou como disse o historiador Fernand

Braudel, "um tênue fio do amanhã" (1995). E não reflita apenas sobre de onde viemos, mas considere as implicações de longo alcance que esses desenvolvimentos podem ter para o futuro. Imagine o potencial disruptivo quando você pode implantar milhares de "computadores" equivalentes ao IBM PC por um punhado de dólares. Vivemos num tempo que o cientista da computação Allen Wirfs-Brock descreve como "ambiental": os computadores estão em toda parte e apenas lá; você nem pensa mais nesses dispositivos como computadores.

E não para por aqui. O mundo mudou significativamente toda vez que mudamos a escala de nossos computadores, de *mainframes* do tamanho de salas a minicomputadores do tamanho de geladeiras, computadores pessoais em nossas mesas, laptops em nossas mochilas e os atuais smartphones em nossos bolsos. As empresas que dominam este mundo também mudaram: da IBM para a Digital Equipment, da Microsoft para a Apple e o Google — cada vez que a escala mudou, as empresas que dominavam o mercado mudaram. Essas mudanças deixaram um rastro de vítimas. Todas as empresas que não podiam fazer a transição de uma era para a seguinte — UNIVAC, Data General, DEC e inúmeras outras — simplesmente desapareceram. Outras ainda, como a Microsoft, perderam a oportunidade de se firmar como atores no novo mundo; ela já não fabrica aparelhos celulares.

Um teste de gravidez digital torna-se um sinal fraco — não apenas no que diz respeito a dispositivos médicos de diagnóstico, mas para o mundo em geral. As implicações desse sinal em particular, quando os computadores se tornam incrivelmente baratos, se propagam para um mundo em que a computação descartável, abundante e do tipo ambiental se tornou uma realidade. As consequências disso são imensas: desde a fabricação inteligente, em que a inteligência artificial está presente em todas as máquinas do chão de fábrica, até as lâmpadas que se desligam automaticamente quando você sai de casa — pequenos computadores serão (e de certa forma já são) onipresentes.

Os sinais estão em toda parte e são fáceis de ignorar (e descartar)

Sinais fracos, os primeiros arautos da mudança, estão em todos os lugares — em nossas tecnologias, comportamentos e sistemas. Eles são fáceis de ignorar e descartar. Considere a Lei de Amara: "Tendemos a superestimar o efeito de uma tecnologia no curto prazo e subestimar o efeito no longo prazo" (The VirtuLab, s.d.). Sinais fracos muitas vezes passam despercebidos, pois são tipicamente versões ruins, caras e por vezes disfuncionais de um possível futuro que só existe à margem dos negócios e da sociedade. No entanto, aprenda a detectá-los e você poderá desbloquear o futuro.

No final da primavera de 2013, tive a duvidosa honra de ser um dos primeiros testadores do Google Glass — os óculos de realidade aumentada, bastante ridicularizados, que o cofundador do Google, Sergey Brin, anunciou como o futuro das interfaces de computação. No dia em que recebi o e-mail anunciando que meus óculos estavam disponíveis, atravessei o campus do Google até o prédio do Google X — a passos acelerados de tanto entusiasmo com o novo produto. Depois de receber meu Glass, me dei conta de três coisas na minha caminhada de trinta minutos de volta ao meu escritório: em primeiro lugar, a funcionalidade do Glass era, na melhor das hipóteses, medíocre. Em segundo lugar, a luz de aviso de bateria fraca já estava piscando. E em terceiro lugar — depois que me olhei no espelho —, eu parecia um idiota usando o Google Glass.

Um caso clássico de decepção com as primeiras iterações de uma tecnologia (os sinais fracos) descartável. No entanto, a tecnologia evolui, fica cada vez melhor e, no decorrer do tempo, usaremos óculos genuinamente "inteligentes" e olharemos para a frente e não para baixo quando quisermos usar o poder dos nossos dispositivos digitais.

Estamos nadando num oceano de sinais fracos; eles realmente podem ser encontrados em toda parte se abrirmos os nossos sentidos para eles. Ao buscar deliberadamente insumos diversos e diferentes, cercar-se de pessoas que *não* são como você e mergulhar em suas culturas, você começará a detectar sinais fracos em abundância.

Foi num passeio com Guy Kawasaki pelo campus da NASA, numa típica noite quente de verão do hemisfério norte, que o lendário evangelista da tecnologia revelou seu segredo para mim. No início dos anos 1980, Kawasaki deu vida ao Apple Macintosh junto com seu ex-chefe Steve Jobs. Desde então, ele tem sido um "observador de sinais" altamente eficaz. Rindo da minha expressão maravilhada quando lhe perguntei como ele conseguiu ser capaz de detectar com sucesso sinal após sinal (e, assim, prever muitas tendências e mudanças na indústria, como serviços de streaming de música e mercados on-line para recursos de design gráfico), ele apontou que os seres humanos são máquinas que buscam e fazem sentido: "Nosso cérebro filtra constantemente as observações que não se encaixam no padrão; nosso piloto automático de sobrevivência é muito bom para diferenciar o sinal do ruído". Inclinando o corpo e falando baixinho, Kawasaki continuou: "O problema com esse comportamento é que você passa a ignorar os sinais fracos, pois, por definição, eles não se encaixam em seus padrões existentes". Ele fez uma pausa, olhou para os lados para se certificar de que ninguém estava ouvindo e revelou seu segredo. "Em vez de desviar o olhar quando percebe algo que não se encaixa no seu padrão — algo esquisito, estranho, diferente — faça uma pausa e se pergunte: 'Isso não é interessante?'"

A pergunta aparentemente inocente, quando feita com regularidade, interrompe sua trajetória, se impõe diante do seu filtro de sinal/ruído e permite que você permaneça no modo de descoberta. Da próxima vez que deparar com algo que aparente ser fora do comum, ou talvez até mesmo completamente estranho — um artefato tecnológico esquisito, um adolescente usando a tecnologia de uma maneira incomum ou alguém comentando sobre uma descoberta da qual você nunca ouviu falar —, pare um instante, converse com seu Guy Kawasaki interior e pergunte: isso não é interessante?

Desde aquela noite deliciosa em Mountain View, Califórnia, faço a mim mesmo essa mesma pergunta pelo menos uma vez por dia e registro o sinal que encontrei num pequeno diário que revisito com frequência para identificar possíveis alterações.

Isso não é interessante?

Do ruído ao sinal

"Qualquer tecnologia suficientemente avançada é indistinguível da magia." A famosa citação do escritor de ficção científica Arthur C. Clarke provou ser verdade no início dos anos 1990, quando, como um adolescente obcecado por computadores, deparei com um artigo da revista *Macworld* descrevendo um dispositivo aparentemente mágico. O aparelhinho preto foi desenvolvido por uma pequena e badalada empresa fundada por algumas das mesmas pessoas que construíram o Apple Macintosh (e mudaram a maneira como pensamos sobre computadores para sempre): a General Magic. Magic Cap, o sistema operacional desenvolvido pela General Magic, rodando em dispositivos portáteis pequenos, conectados à rede, nos deu um vislumbre do futuro da computação móvel — uma imagem tentadora, mas lamentavelmente inadequada, de um mundo onde temos as informações na ponta dos dedos, a qualquer hora, em qualquer lugar. O artigo me fez dizer "Uau!"; uma imagem vívida do futuro se apresentou a mim nessas páginas. Infelizmente, esse futuro era inacessível, caro e restrito.

Fiz anotações, recortei o artigo (eram tempos em que líamos revistas ainda impressas em papel couchê) e continuei a consultá-lo. Um sinal fraco estava emergindo do oceano de *press releases*, comentários e *data points*.

Anos depois, quando trabalhava para o principal varejista alemão da Apple a fim de melhorar meu parco orçamento de estudante, o PalmPilot, da US Robotics, foi lançado: um dispositivo portátil (relativamente) barato com uma tela sensível ao toque e vários aplicativos integrados para gerenciar sua vida digital, embalado num formato que facilitava o transporte do equipamento para todos os lugares. Olhando para um PalmPilot hoje, pode-se facilmente reparar na semelhança com o iPhone ou qualquer telefone Android; não foi apenas o antecessor espiritual, mas o ancestral direto do dispositivo que definiu uma geração mundial lançado pelo fundador da Apple, Steve Jobs, em 2007. Com o lançamento do PalmPilot, em 1997, o sinal fraco que detectamos pela primeira vez com o anúncio da General Magic começou a tomar forma e volume.

Um ano após o lançamento do PalmPilot, ajudei um amigo a abrir uma empresa de software para aplicativos PalmPilot. Era rudimentar (você instalava os aplicativos conectando seu PalmPilot a um cabo, usando um software específico para transferir um "app" de um disquete comprado numa loja ou entregue pelos correios); ainda assim, era um nítido precursor dos tempos que viriam. O sinal fraco emergiu do ruído e exibiu uma visão clara e convincente do futuro: computadores pequenos e conectados no bolso de todos, executando aplicativos que nos informavam e entretinham.

A curiosidade nos permitiu ver os primeiros lampejos de um futuro muito antes de ele se materializar. O reexame contínuo do espaço deu a visão para separar os sinais do ruído. E brincando de perguntar "E se?" e "Como seria possível?" deu à versão mais jovem de mim mesmo a oportunidade de participar do início de um mercado emergente e integrar uma empresa que surfou na onda de um futuro que se desdobraria. A empresa do meu amigo tornou-se um *player* majoritário no mercado em expansão de softwares PalmPilot. Minha participação na empresa dele lançou as bases para o início da minha carreira em computadores e dispositivos móveis — incluindo um episódio breve, mas altamente divertido (e lucrativo), quando importei o primeiro iPhone dos EUA para a Alemanha.

No entanto, depois de comprar meu primeiro PalmPilot, tive que esperar dez anos para que a verdadeira imagem do iPhone se tornasse realidade.[2]

---

[2] Vale ressaltar que nos concentramos em tipos específicos de sinais no contexto deste livro — aqueles que levam a produtos, serviços ou soluções de negócios novos ou aprimorados. O leitor intrépido, curioso sobre o escopo maior de sinais, como sinais sociais e societários, pode querer se aprofundar no cânone da literatura de predição.

Resumindo

Para aprimorar seus recursos de detecção de sinal fraco, considere os seguintes pontos:

• Fique "ligado", contínua e atentamente, e preste atenção às práticas marginais, comportamentos peculiares e apropriações/reaproveitamentos estranhos de tecnologias.
• Catalogue suas descobertas e procure conexões entre tecnologias, exemplos de uso e comportamentos.
• Reveja os estímulos regularmente — pelo menos a cada seis meses — e explore o que mudou.

▶ 1.3. Detectando sinais fortes

Estou apenas sugerindo que mensuremos direito a dificuldade de qualquer coisa que nos digam que pode ser a próxima grande coisa. Se a ideia se baseia na experiência prática, então tudo bem reagirmos com um otimismo cauteloso. Do contrário, então não. A esperança é algo escasso; não deveríamos desperdiçá-la.
— Rodney Brooks, cientista computacional e fellow do IEEE

O CueCat bem que avisou. Na virada do milênio, Jeffry Jovan Philyaw apresentou um leitor de código de barras portátil em forma de gato que foi oferecido gratuitamente a milhões de usuários da internet. Caso você não se lembre do CueCat, aqui está o Museum of Failure descrevendo o dispositivo e sua funcionalidade (não que a fonte dessa definição possa sinalizar para onde a história está indo):

Comercializado como uma tecnologia revolucionária, o CueCat era um scanner portátil em forma de gato conectado ao computador. Ao digitalizar códigos especiais em revistas impressas, os usuários podiam acessar os sites dos anunciantes sem digitar o endereço na web. Milhões foram produzidos e enviados gratuitamente com revistas como *Wired* e *Businessweek*. O dispositivo foi anunciado como uma forma de evitar digitar endereços longos na web [...] (Museum of Failure, 2022).

Apesar de milhões de dispositivos em forma de gato serem produzidos e enviados pelos EUA afora para assinantes dessas revistas, de alguma forma alguém se esqueceu de perguntar por que digitalizar os pequenos códigos de barras nos anúncios de uma revista diante do computador seria melhor do que simplesmente digitar um endereço de internet. O dispositivo foi um fracasso espetacular. No final de 2001, o CueCat parou de funcionar e, no processo, Philyaw mudou seu nome para Jovan Hutton Pulitzer — uma consequência que, examinada em retrospectiva, parece óbvia e inevitável (exceto por Philyaw ter resolvido mudar de nome; isso soa demasiado drástico). No entanto, quando o CueCat foi lançado, ele o fez sob a fanfarra ensurdecedora de uma imprensa excessivamente animada saudando o dispositivo como o futuro da mídia comercial. Poucos anos depois, os mesmos meios de comunicação a chamaram de "a pior invenção da década" (Barrett, 2009). O jornalista especializado em tecnologia Walt Mossberg lamentou no *Wall Street Journal* (2000) que "para digitalizar códigos de revistas e jornais, você precise lê-los na frente do seu PC. Não é algo natural e é ridículo".

O pequeno dispositivo, parecido com um gato prestes a dar o bote, era um sinal fraco — que, como tantos outros, fracassou em vez de tornar-se um sucesso de público e crítica.

De longe, nem todos os sinais fracos se tornarão fortes. Sinais fortes são aqueles que transitam com sucesso do *hype* para a realidade, aqueles que deixam o campo da promessa e se tornam uma disrupção verdadeira — o iPhone e não o CueCat. Isso leva às perguntas de um milhão de dólares: "O que indica um sinal fraco?" e "Quando um sinal fraco se tornará forte?"[3].

---

[3] Décadas e uma pandemia global mais tarde, agora temos códigos QR bastante onipresentes, oferecendo a mesma função que o CueCat. No entanto, para digitalizar um código QR, você usa um dispositivo sempre à mão, altamente portátil e incrivelmente poderoso — seu smartphone. E foi preciso a pandemia de Covid-19 e a substituição, pelos restaurantes, de menus de papel por razões sanitárias para tornar os códigos QR amplamente utilizados e aceitos.

Anatomia de um sinal

Sinais fracos levam tempo para amadurecer — em geral, muito mais do que poderíamos supor. Em 2008, a editora sênior da revista *Fortune*, Betsy Morris, conversou com Steve Jobs sobre sua incrível capacidade de decodificar sinais fracos e identificar não apenas aqueles que se transformam em grandes êxitos, mas também de prever com alto grau de precisão o momento certo para lançar um novo produto aproveitando o sinal decodificado. Jobs comentou com naturalidade:

As coisas acontecem bem devagar, sabe. É assim. Essas ondas de tecnologia, você pode vê-las muito antes de acontecerem, e você só tem que escolher sabiamente em quais vai surfar. Se a escolha for errada, poderá consumir muita energia, mas mesmo escolhendo com sabedoria, ela de fato se propaga muito lentamente. Leva anos (Elmer-Dewitt, 2008).

Isso nos dá nossa primeira pista — a tecnologia se move rapidamente, mas não tanto quanto aparenta à distância. Nesse contexto, a percepção de Hemingway de que as coisas acontecem "gradualmente, depois de repente" merece ser lembrada.

O fator desafiador é que, depois que o sinal atingiu o seu ponto de inflexão, os mercados (e os líderes de mercado) são criados num intervalo extremamente curto, de seis a dezoito meses. Num mundo hiperconectado e globalizado, as empresas têm pouco tempo de reação para assumir a dianteira e se preparar tão logo que as condições que transformam um sinal fraco num forte estejam dadas. Aqueles que primeiro cruzam a linha de chegada da corrida desfrutam de um período de cinco a sete anos de crescimento exponencial e boas margens de lucro, como Geoffrey Moore mostrou em seu seminal livro *Zone to Win* (2015).

Para citar um exemplo um tanto exagerado, mas contundente: o iPhone tomou o mundo de assalto e, logo após seu lançamento em 2007, dominou não apenas as vendas de smartphones, mas também as de celulares. A Apple manteve sua posição de líder de mercado desde então — e teve lucros astronômicos. O mesmo aconteceu com o tablet da Apple, o iPad, e seu *smartwatch*, o Apple Watch. A empresa tem uma capacidade misteriosa de acertar o timing e lançar seus produtos já maduros no momento perfeito para chegar ao mercado, assumindo a liderança e lá permanecendo durante anos. Como a Apple nos mostra, você não precisa (e muitas vezes não quer) ser o primeiro a chegar ao mercado para dominar uma indústria.

Em nossa pesquisa transversal que recorreu a ferramentas e modelos dos melhores pesquisadores de tendências do mundo, identificamos três filtros que permitem filtrar sinais fracos. Os filtros determinam o potencial de um sinal fraco se transformar em sinal forte e permitir que você preveja o exato momento em que uma mudança gradual se transformará em repentina.

A tecnologia avança rápido, mas qual é a verdadeira velocidade desse "rápido"?

Maturidade

Hype ou realidade? O que separa os dois é muitas vezes a maturidade da tecnologia subjacente. Ao avaliar o momento em que um sinal fraco amadureceu o suficiente para virar um sinal forte (e, assim, passar de *hype* para realidade), classificamos a maturidade de um sinal numa escala de zero a dez. Isso é particularmente verdadeiro no setor de tecnologia.

Figura 3 – Escala de Maturidade

Na nossa escala, zero é uma tecnologia fisicamente impossível. Antes de balançar a cabeça e perguntar por que alguém consideraria esse ponto na escala, lembre-se da empresa de testes médicos Theranos, que fracassou espetacularmente. Usando uma única gota de sangue, a Theranos prometeu fornecer uma série de exames de sangue e biomarcadores acurados. Depois de um investimento de US$ 700 milhões, o mercado acordou para o fato de que a tecnologia que a Theranos prometeu era fisicamente impossível — um zero em nossa escala de maturidade.

Ao transitar do reino do impossível para o espaço onde as coisas são possíveis, elas se tornam problemas científicos a serem resolvidos, do teoricamente possível (um na nossa escala) à fase experimental/laboratorial. À medida que o sinal amadurece, ele se move lenta, mas constantemente, do laboratório para a produção, tornando-se um desafio de engenharia (em algum lugar no meio do caminho na nossa escala). Por fim, uma vez que o sinal amadureceu ainda mais e, com ele, nossa capacidade de dimensioná-lo para um mercado de massa, o desafio de engenharia se transforma num desafio de negócios.

Tomando como exemplo o empreendedor Elon Musk e seus vários empreendimentos em sequência, podemos ver como a escala se aplica. As empresas bem-sucedidas de Musk estão todas operando bem dentro da faixa de "desafio de negócios": da fabricante de veículos elétricos Tesla à instaladora de painéis solares SolarCity, à empresa de satélites de internet Starlink e à perfuradora de túneis The Boring Company. Essas empresas são construídas com tecnologias maduras, bem compreendidas e escaláveis (mesmo quando Musk quebrou o para-brisas "inquebrável" do Tesla Cybertruck no evento de lançamento do veículo). A empresa de foguetes SpaceX começou no campo dos desafios de engenharia: o design específico da aleta, que permite que os foguetes de Musk pousem e, portanto, sejam reutilizados, foi inventado por cientistas russos na década de 1970, mas só recentemente foi dimensionado para uso comercial. E a visão de Musk para o transporte ferroviário de hipervelocidade, o Hyperloop, ainda tem muitas perguntas científicas sem resposta (a principal delas: como aceleramos e desaceleramos com segurança o "trem" sem ferir os passageiros no curto espaço de tempo necessário?).

Avaliar onde um sinal fraco está na escala de tempo lhe dá uma boa noção de onde o sinal se encontra hoje e o que é necessário para que passe de fraco para forte. Conforme nos recorda Rodney Brooks na citação de abertura: "Se a ideia se baseia na experiência prática, então tudo bem reagirmos com um otimismo cauteloso. Do contrário, então não" (2018).

A menos que você queira deliberadamente impulsionar o desenvolvimento de tecnologia ou jogar um jogo altamente especulativo, não invista seu tempo e energia num sinal qualquer que não atinja pelo menos um sólido sete na escala de maturidade.

Gestalt

Essa palavra singular existe conceitualmente apenas em alemão, sendo gestalt uma coleção de entidades físicas, biológicas, psicológicas ou simbólicas que criam um conceito, configuração ou padrão unificado maior do que a soma de suas partes.

Usamos a palavra para descrever os fatores circundantes de um sinal fraco, que sopram um vento frontal ou de cauda e afetam a velocidade com que um sinal amadurece. Em outras palavras: sobre quais condicionantes você tem pouco ou nenhum controle, o que acelera ou desacelera o desenvolvimento e a adoção do sinal em questão?

Muitas vezes negligenciados, esses fatores podem ser fundamentais na aceleração ou desaceleração da velocidade com que os sinais se movem e, às vezes, são capazes até mesmo de bloquear completamente um sinal fraco. Para avaliar a gestalt de um sinal fraco, recorra ao acrônimo CTAEPS [STEEPS, no original]: quais são os fatores científicos (C), tecnológicos (T), ambientais (A), econômicos (E), políticos (P) e sociais (S) que devem estar em vigor ou precisam ser eliminados para que um sinal progrida de fraco para forte?

Reed Hastings, fundador e CEO da gigante do streaming Netflix, controla muitos fatores que ele e sua equipe podem influenciar diretamente: estabelecer fazendas de servidores para seus streamings, programar software e criar seu próprio conteúdo. Mas a Netflix tem pouco ou nenhum controle sobre pelo menos um fator fundamental para o seu sucesso: a popularização da internet de banda larga. Se você ainda usa uma internet discada, não conseguirá assistir ao mais recente blockbuster de Hollywood na sua televisão.

Voltando aos sucessores espirituais do CueCat, os códigos QR, sua recente ascensão à onipresença foi alimentada pelo medo da Covid-19 — um medo que mudou a gestalt em favor do pequeno quadrado pontilhado.

Mapear a gestalt de um sinal fraco é uma etapa muitas vezes negligenciada, mas vital, para aumentar nossa capacidade de prever o futuro de um sinal com maior probabilidade de certeza.

Utilidade

Por fim, nunca se esqueça de considerar a utilidade real (ou aplicabilidade) do sinal em questão. Chris Yeh, coautor do best-seller *Blitzscaling*, recorre a três lentes para avaliar a utilidade de um produto ou serviço: quais são a frequência, a densidade e o atrito do problema que a solução apresentada se propõe a resolver? (Hoffman e Yeh, 2018).

Ao responder a três perguntas simples, você pode avaliar com rapidez e precisão se uma determinada solução tem utilidade suficiente para dar o salto de sinal fraco para forte:

• Com que frequência você encontra o problema que o produto ou serviço pretende resolver? (Frequência)
• Quanto tempo e energia você gasta diante do problema quando se depara com ele? (Densidade)
• Qual é o incômodo que o problema lhe causa? (Atrito)

Voltando ao nosso amigo felino, o CueCat: o problema que os dispositivos CueCat pretendiam resolver era evitar que os usuários digitassem URLs de anúncios impressos no navegador de internet. Considerando os três fatores, percebemos rapidamente que a frequência de digitação de uma URL de um anúncio impresso é baixa, o tempo e a energia (e, portanto, a densidade) necessários para fazê-lo são relativamente mínimos e o incômodo disso é insignificante (atrito). O CueCat era uma solução para um problema que não existia.

A detecção de sinais, baseada nos três filtros acima, nos permite, se aplicada com critério, fazer previsões fundamentadas sobre o potencial de um sinal fraco se tornar forte, bem como sobre o momento em que isso acontecerá. Você evitará ser ofuscado pelos holofotes da sempre presente máquina de propaganda e será capaz de fazer uma previsão realista do impacto e do momento das inovações disruptivas.

O que traz à tona a pergunta: O que é mesmo a disrupção?

Resumindo

Para separar os sinais fracos dos fortes, considere os seguintes pontos:

• Avalie francamente a maturidade das tecnologias individuais que compõem o sinal. Muitas vezes, um sinal é a combinação de tecnologias subjacentes (por exemplo, o Metaverso consiste em tecnologias de fone de ouvido, conectividade, servidores, ferramentas etc.).

• Avalie todas as condicionantes (gestalt) que impulsionam direta ou indiretamente o desenvolvimento e adoção do sinal.

• Determine a utilidade de médio a longo prazo do sinal; um bom e decisivo teste é a pergunta: "Você consegue imaginar um mundo em que isso não seja verdade?".

PARTE DOIS
DISROMPER

2. Disrompendo o futuro

Eu vi o futuro e ele funciona.
— Lincoln Steffens

"Sou um dinossauro amedrontado." Jorge Paulo Lemann, cofundador da 3G Capital, a multibilionária empresa de investimentos que detém, entre muitas outras coisas, uma participação majoritária na maior cervejaria do mundo, a AB InBev, confessou isso no início de 2018 durante a Milken Institute Global Conference. Lemann continuou:

Vivo no confortável mundo de marcas antigas, grandes volumes. Nada muda muito, e você simplesmente se concentrava em ser muito eficiente, e tudo bem. De repente, estamos sendo disrompidos de todas as maneiras (Gara, 2018).

Ele está certo. Vivemos de fato em tempos extraordinários, exponenciais e disruptivos, tempos que podem ser resumidos numa simples frase: amanhã será dramaticamente diferente em relação a hoje.

Os carros com motor à combustão vêm sendo cada vez mais substituídos por veículos elétricos e a TV a cabo está sendo substituída por serviços de streaming de vídeo. As agências de viagens estão se tornando obsoletas devido aos sites de reservas on-line. A pandemia da Covid-19 trouxe consigo disrupções generalizadas. É difícil nomear uma indústria ou setor que não esteja passando por tempos turbulentos e terá sua aparência, percepção e operação radicalmente transformadas ao longo desse processo. A disrupção torna as coisas antigas obsoletas (em contraste com seu primo próximo, a "inovação", que trata de fazer as mesmas coisas, só que melhor).

A disrupção, o novo normal, é incrivelmente difícil de ser feita da forma correta. O guru da gestão Clayton Christensen descobriu que 95% das inovações de novos produtos fracassam

(MIT, 2022), e o Startup Genome Project mostrou que 92% de todas as startups compartilham o mesmo destino (2022). Enquanto isso, a empresa de consultoria Innosight prevê que 50% das empresas da Fortune 500 serão substituídas nos próximos dez anos (Mochari, 2016). Ninguém mais consegue abrir o jornal, ler uma revista de negócios ou navegar na internet sem ver, ler ou ouvir a palavra "disrupção". O Google Trends registrou um aumento de mais de 60% no volume de pesquisas para o termo no intervalo de quinze anos, de 2004 a 2019 — antes que a Covid-19 elevasse ainda mais esses números para alturas estratosféricas (2022).

Usando as sofisticadas ferramentas de análise da sua empresa Sprinklr, Marshall Kirkpatrick determinou que na quarta-feira, 21 de julho de 2021 — um típico dia de verão —, a palavra "disrupção" foi mencionada 18 mil vezes na internet. Curiosamente, o termo foi usado principalmente por sites de notícias e consultorias de gestão, mas muito pouco no Twitter (o principal centro de mídia social), nem por futurólogos.

Parece que os futurólogos absorveram o termo em seu cotidiano, enquanto a palavra ainda soa autêntica na terra dos consultores.

O termo é usado de inúmeras maneiras, tipicamente sem a mesma definição ou abrangência mais específica de seus primos inovação e transformação. Uma rápida pesquisa no Google por "*disruption*" resulta em "*disruption warfare*" ou "*Disruption Bambi*", sendo a primeira sugestão "sinônimo de disrupção" — não "significado" ou "definição", mas "sinônimo" — o que já diz algo sobre nossa compreensão do termo. Sobre "*Disruption Bambi*", você deve ter ficado tão confuso quanto eu: é o nome de um personagem do jogo on-line Bambi Land e principal rival, por mais engraçado que possa parecer, de um personagem chamado Disruption.

A definição mais antiga para a palavra "disrupção" em inglês remonta a mais de 500 anos e a define como uma "separação, uma ruptura, uma separação forçada em partes" (Online Etymology Dictionary, 2022). Tendo sua origem na palavra latina *disruptio*, o termo se originou no campo da medicina (referindo-se a uma "laceração de tecido"), e só muito mais tarde adquiriu uma acepção mais ampla. O uso atual da palavra disrupção como uma "mudança radical numa indústria ou mercado existente devido à inovação tecnológica" só surgiu depois que Clayton Christensen cunhou o termo "inovação disruptiva" em seu best-seller de 1997, *O dilema da inovação* (2015).

Desde o lançamento do best-seller de Christensen, assistimos a uma explosão do termo e do seu uso. O site de resenhas de livros on-line Goodreads lista 3.454 livros com a palavra disrupção no título (2022), sem contar este que você está lendo agora.

E isso não inclui os livros que abordam a disrupção e não trazem a palavra diretamente no título. O Google indexou bem mais que um bilhão de páginas para o termo de pesquisa "disrupção" (2022). E o buscador de podcasts Listen Notes retorna mais de 10 mil episódios falando sobre o tema (2022).

Vamos colocar isso em prática: a disrupção se transformou em tofu. Sim, tofu, o queijo feito à base de pasta de soja, empregado principalmente na culinária asiática e vegetariana. O produto não tem gosto de nada até que você o cubra de molho — o que o deixa com o gosto do molho. Com a disrupção é a mesma coisa: o termo perdeu seu significado original, vem sendo usado ao acaso e assume o sabor do contexto que o envolve.

Não obstante, entender fundamentalmente o funcionamento interno da mudança disruptiva é fundamental para qualquer líder de qualquer empresa de qualquer setor. Uma vez compreendido, navegar entre tempos turbulentos se torna um desafio muito mais fácil — e com uma chance bem maior de sucesso. Você decerto não quer participar de uma grande e importante conferência e admitir abertamente que se tornou um dinossauro.

É hora de decodificar e disromper a disrupção.

▶ 2.1. Disrompendo a disrupção

Me prometeram colônias em Marte. Em vez disso, me deram o Facebook.
— Buzz Aldrin

Kodak, Blockbuster e Nokia. Quando falamos de disrupção, um conjunto de histórias é repetido *ad nauseam*; esse trio simboliza a ascensão e o rápido declínio desses antigos titãs da indústria. Todos foram pioneiros e líderes de mercado dominantes em seus respectivos campos, tanto que eram sinônimos de suas respectivas áreas de atuação. E todos eles foram disrompidos e sucumbiram num intervalo de poucos anos. No entanto, muito pode (ainda) ser aprendido com esses outrora poderosos colossos.

O trio disruptivo

Steven Sasson, funcionário da Kodak, inventou a câmera digital em 1975. Sasson encampou uma longa e, ao final, infrutífera batalha tentando convencer a liderança da Kodak de que o futuro era, de fato, digital (Estrin, 2015). A empresa perdeu a primeira batalha para criar câmeras digitais baratas, que inundaram o mercado e induziram seus proprietários a tirar fotos — muitas fotos —, mas não necessariamente imortalizá-las em papel. Lembre-se, a Kodak ganhou a maior parte do seu dinheiro vendendo filmes e, mais importante, revelando fotos. O segundo golpe veio quando telefones e câmeras se fundiram e, de repente, todos nós estávamos equipados não apenas com uma câmera, mas também com o dispositivo de visualização perfeito para as muitas e muitas fotos que tiramos (tornando obsoleta a necessidade de revelar e imprimir as imagens). O golpe final veio no momento em que Marc Andreessen disse a célebre frase: "O software comeu o mundo" (2011). Todas as nossas memórias digitais tornaram-se facilmente acessíveis, pesquisáveis e ganharam o suporte de aplicativos de smartphones e armazenamento na nuvem.

Os especialistas adoram zombar da Blockbuster, a empresa que dominou o vídeo doméstico como nenhuma outra. A Blockbuster até lançou um formidável negócio de aluguel de DVD por correspondência, que fechou logo depois, pois não conseguia ver como a empresa poderia fazer dinheiro sem canibalizar suas lojas físicas. Ironicamente, também teve várias oportunidades de adquirir a iniciante Netflix em condições altamente favoráveis. Poucos anos depois de descartar a ameaça da Netflix, a Blockbuster foi fechando loja após loja — até que uma única unidade, localizada num shopping center no centro de Oregon, 270 quilômetros a leste de Portland, permanecesse aberta. Numa trapaça cruel da história, a loja e seus proprietários se tornaram as estrelas de um documentário da Netflix apropriadamente chamado *The Last Blockbuster* (Associated Press, 2021). Acrescentando insulto à injúria, a Netflix produziu recentemente uma *sitcom* sobre a vida numa loja Blockbuster, um enredo com uma verdadeira lição de moral sobre "o que poderia ter sido" — que dissecaremos com detalhes mais adiante.

E, claro, temos a Nokia — a lendária fornecedora dos melhores e mais cobiçados telefones celulares. Em novembro de 2007, a *Forbes* publicou a corajosa manchete de capa em sua revista homônima com a pergunta retórica "Nokia — Um bilhão de clientes. Alguém conseguirá acompanhar a rainha dos celulares?" (2007). A sina da Nokia mudou drasticamente em poucos anos, quando Steve Jobs exibiu "*one more thing*" a milhares de visitantes num abarrotado Moscone Convention Center, em São Francisco. Primeiro em tom de brincadeira, Jobs segurou um iPod com um disco de telefone montado sobre a tela, dizendo que a Apple finalmente tinha criado o iPhone, para depois tirar do bolso o revolucionário aparelhinho. Na mesma época, não muito longe da sede da Apple em Cupertino, Califórnia, o Google apresentou ao mundo o sistema operacional para smartphones Android — que devagar, mas sempre, se tornaria o sistema operacional para celulares líder em todo o mundo.

Enquanto isso, o negócio de telefonia móvel da Nokia passou de uma aquisição superfaturada e imprudente pela Microsoft para uma venda na bacia das almas para a empresa finlandesa HMD Global. A Nokia hoje é apenas uma marca limitada a telefones baseados em Android — uma pálida sombra do que um dia foi. Anos após a desgraça da Nokia, o ex-CEO da empresa Stephen Elop ainda não conseguia assimilar a derrota e se defendeu dizendo: "Não fizemos nada de errado, mas de alguma forma, perdemos" (Top Video Corner, 2016). Tenho certeza de que todos podemos citar dezenas de ocasiões em que a Nokia errou feio. Tome-se, por exemplo, a infame aparição de Elop no programa de televisão finlandês *Hjalliksen kanssa*: quando perguntado sobre a incursão da Apple nos telefones, Elop pegou o iPhone do apresentador Hjallis Harkimo, jogou-o no chão e afirmou: "Pronto, já era" (MSPoweruser Power, 2012). Como diz o provérbio alemão, *Der Fisch stinkt vom Kopf* — "o peixe apodrece primeiro na cabeça".

Todo mundo adora reavivar essas histórias — muitas vezes para enfatizar seus argumentos sobre a disrupção acontecer mais rápido do que se espera e sobre a falácia de que os ex-líderes não teriam sido capazes de refletir sobre o futuro e agir com base nisso, ou simplesmente a pretexto de dar uma boa risada. Rir do erro de outra pessoa e, pelo menos por um momento, não pensar nos nossos próprios desafios é sempre reconfortante.

Se você for um tantinho parecido comigo, vai sentir um pouco nauseado cada vez que ouvir essas histórias. São relatos muito repisados e repetitivos: o sujeito tem tudo a seu favor, normalmente até inventa o futuro, mas não consegue trilhar um caminho alternativo. Esquecemos que essas empresas pareciam estar no auge, eram integradas por líderes talentosos e, na maioria das vezes, até conseguiam enxergar a disrupção se aproximando na área em que atuavam.

Com efeito, não apenas simplificamos demais um ambiente operacional complexo, mas olhamos apenas para um lado da história. A pergunta que fazemos é: "O que podemos aprender com a Apple, Netflix ou Instagram (ou seja, com os disruptores)?".

Claro, muito se pode aprender com Steve Jobs na Apple, Reid Hastings, na Netflix, ou Kevin Systrom, no Instagram (e muitos livros foram escritos sobre essas histórias e as lições que deixaram). Mas estamos ignorando uma porção grande e tremendamente importante da história quando não olhamos para o outro lado da disrupção — aquele que examina não as coisas que mudaram, mas aquelas que permaneceram as mesmas.

Trabalhos a serem feitos

Em seu livro *Muito além da sorte*, Clayton Christensen detalhou o conceito do princípio "trabalhos a serem feitos": "As pessoas não compram simplesmente produtos ou serviços, elas os 'contratam' para progredir em circunstâncias específicas" (2016).

Examinando mais de perto nossas histórias clássicas de disrupção, seja da Kodak, Blockbuster, Nokia ou de muitas outras, percebemos que os trabalhos subjacentes a serem feitos — aqueles que esperávamos que o produto ou serviço fizesse por nós — não mudaram quando a empresa em questão foi disrompida.

Você ainda tira fotos — na verdade, muitas, muito mais do que antes. Elas simplesmente não estão mais num filme. No auge do domínio da Kodak sobre o filme fotográfico, em 2000, a empresa vendeu um bilhão de rolos de filme — resultando em cerca de 12 bilhões de fotos tiradas nos EUA naquele ano (Andrews, 2022). Vinte anos depois, em 2020, as pessoas tiraram uma espantosa quantidade de 1,4 trilhão de fotos — quase exclusivamente digitais e nos seus celulares (Carrington, 2022).

Da mesma forma, você ainda está assistindo a filmes em casa. Felizmente, eles não vêm na forma de fitas VHS com sua péssima qualidade de imagem e a irritante necessidade de rebobinar e devolver a fita, mas na forma de streaming de vídeo que é transmitido diretamente às nossas TVs — sendo a Netflix a líder de mercado (T4, 2021). E você, quase certamente, está assistindo a mais filmes do que nos tempos das fitas VHS da Blockbuster.

Você ainda segura um pequeno dispositivo na mão (e diante do rosto) para ficar em contato com o mundo onde e quando quiser. Mas a maneira com que fazer isso mudou. O Zoom substituiu o telefonema, e o WhatsApp fez o mesmo com o SMS; portanto, essas são as empresas que dominam esse setor.

O insight crítico e muitas vezes negligenciado aqui são as necessidades subjacentes do consumidor — criar lembranças duradouras das experiências que tem, entreter-se no conforto de casa e manter contato com amigos —, que não mudaram tanto assim passado esse tempo. Nossas necessidades e desejos tendem a ser incrivelmente duráveis. Quão duráveis, você poderá perguntar. Não olhe apenas para as disrupções recentes, mas leve em consideração aquelas que nos acompanham há muito — transporte, por exemplo. Desde os dias em que humanos montavam cavalos e conduziam charretes, retrocedendo à antiga Mesopotâmia de milhares de anos atrás, até o mais recente robô-táxi totalmente autônomo e movido a eletricidade da Waymo, nossa necessidade subjacente (na linguagem de Christensen: o trabalho a ser feito) vem sendo consistentemente a mesma: ir de A para B no menor período de tempo da maneira mais confortável e pelo menor custo.

A conclusão é simples, mas muitas vezes negligenciada: na grande maioria das "disrupções", o trabalho a ser feito nunca mudou. O fundador da Amazon, Jeff Bezos, repetiu esse argumento quando perguntado sobre a estratégia geral da Amazon:

Muitas vezes me perguntam: "O que vai mudar nos próximos dez anos?". E essa é uma pergunta muito interessante e é muito comum. Quase nunca me perguntam: "O que não vai mudar nos próximos dez anos?". E eu insisto que a segunda pergunta é, na verdade, a mais importante das duas — porque você pode construir uma estratégia de negócios em torno das coisas que são estáveis ao longo do tempo… No nosso negócio de varejo, sabemos que os clientes querem preços baixos, e sei que isso será verdade daqui a dez anos. Eles querem entrega rápida; eles querem uma oferta variada. É impossível imaginar que em mais dez anos o cliente apareça e diga: "Jeff, eu amo a Amazon; eu só gostaria que os preços fossem um pouco mais altos", [ou] "Eu amo a Amazon; eu só gostaria que você demorasse mais a entregar as compras". Impossível... Quando você tem algo que sabe que é verdade, mesmo a longo prazo, pode investir muita energia nisso (Amazon Web Services, 2012).

O que traz uma pergunta importante: se a necessidade para a qual contratamos o produto ou serviço não mudou, o que é disrupção?

Resumindo

Para adquirir uma visão abrangente da disrupção, considere os seguintes pontos:

- Identifique o trabalho a ser feito para o seu produto ou serviço. Lembre-se de que seus clientes não compram seu produto ou serviço; eles os contratam para progredir em circunstâncias específicas.
- Ao refletir sobre o futuro, considere não apenas o que será diferente, mas também aquilo que *não* mudará.

▶ 2.2. O modelo de mudança de estados

Nada é tão doloroso para a mente humana quanto uma grande e repentina mudança.
— Mary Wollstonecraft Shelley, Frankenstein

Se a forma como fazemos as coisas muda (às vezes drasticamente), mas as necessidades de nossos clientes e as razões subjacentes não mudam, qual seria a melhor maneira de abordar e refletir sobre a disrupção? O mundo da física oferece uma excelente analogia: mudanças de estado.

Mudanças de estado são mudanças físicas da matéria. São reversíveis e não envolvem quaisquer alterações na composição química da matéria. As mudanças de estado mais comuns são fusão, congelamento, sublimação, deposição, condensação e vaporização (Byju's, 2022).

A água é um exemplo simples de como o conceito mapeia tão bem o mundo da disrupção. Coloque uma panela com água no seu congelador. Depois de um tempo, quando atinge zero grau Celsius, a água se transforma em gelo, uma matéria sólida. Retire a panela do congelador, espere o tempo suficiente e o gelo voltará ao estado líquido. Agora coloque a panela no fogão e, a 100 graus Celsius, a água começará a ferver e, com o tempo, se transformará mais uma vez de seu estado líquido em vapor, passando, portanto, ao estado gasoso. A mudança de uma forma para a outra é chamada de "mudança de estado".

O insight vital — e a razão pela qual evocamos essa analogia para falar sobre disrupção — é que a molécula em questão, $H2O$, não mudou ao longo de todo esse processo. Quer esteja segurando um pedaço de gelo na mão, bebendo um copo de água ou observando o vapor emanando de uma panela fervente, é tudo $H2O$. Agora substitua $H2O$ pelos trabalhos a serem feitos e você perceberá que mudou a forma como atendemos às necessidades dos clientes (o estado), mas as necessidades permanecem essencialmente as mesmas (o trabalho que precisa ser feito e resulta na contratação do nosso produto ou serviço).

Lembra da última vez que você cozinhou espaguete? De pé em frente a uma grande panela de água, com o fogão ligado ao máximo e macarrão seco na mão, você espera ansiosamente que a água ferva. Olhando para o seu caldeirão de macarrão, você vê as primeiras bolhas se formando; a experiência (e a receita) exige que a água ferva completamente antes de colocar a massa. O tempo se arrasta; aparentemente, leva uma eternidade até que o líquido, já adicionado bastante sal, chegue à temperatura certa. E basta você se distrair um pouco, entediado de tanto esperar, que água inevitavelmente transbordará — eis o resumo da minha vida.

Semelhante às mudanças de estado no mundo da física (e da culinária), a transição de estado para estado na tecnologia geralmente não segue uma progressão linear, mas sim uma curva exponencial: as mudanças de estado acontecem gradualmente, depois repentinamente.

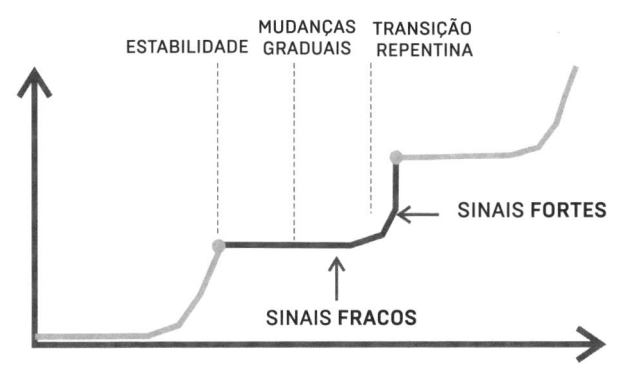

Figura 4 – Mudanças de estado

O mesmo está acontecendo no mundo dos negócios e da tecnologia. Nos estágios iniciais de cada estado, você tem estabilidade; o mundo que Jorge Paulo Lemann descreveu como aquele em que "você simplesmente se concentrava em ser muito eficiente e tudo bem" (Samor, 2018). É nessa fase inicial de estabilidade que os líderes constroem um formidável fosso ao redor de seu castelo. Enquanto você for bom no que faz e demonstrar eficácia, eficiência e otimização, terá pouco a temer e muito a ganhar. O tamanho é importante nesta fase, e os recém-chegados têm que escalar uma muralha quase intransponível caso tentem ingressar no seu mercado.

Mas, como na maioria das coisas boas da vida, estados particulares nunca duram para sempre. Com o tempo, você verá os primeiros sinais de mudança emergindo. Se olhar com atenção, pode identificar os sinais fracos se materializando. Facilmente descartados como anomalias, absurdos e esquisitices, eles costumam passar despercebidos até que ganham impulso e gradualmente se fortalecem, o que resulta em transições repentinas e completas de um estado para o outro. Uma vez que uma mudança de estado esteja em curso, os fossos mais profundos, as muralhas mais altas e os castelos mais intransponíveis vêm abaixo. É por isso que a detecção de sinais fracos e a detecção de sinais fortes são habilidades essenciais que requerem constante aprimoração.

Costumávamos fazer chamadas telefônicas em telefones fixos em nossas casas e escritórios e usávamos uma cabine telefônica quando estávamos fora de casa, até que os monstruosos, caríssimos e incipientes telefones celulares se tornaram pequenos e baratos o suficiente para se converterem num fenômeno massificado. Uma mudança de estado ocorreu. Os telefones celulares viveram sua própria fase de estabilidade, e, nesse processo, transformaram a Nokia numa das empresas de tecnologia mais respeitadas do planeta, até que os smartphones de baixa qualidade, extremamente caros, com pouca potência e francamente toscos da década de 1990 evoluíram para se transformar numa sensação global. Foi preciso que as tecnologias subjacentes amadurecessem o suficiente para que Steve Jobs e sua equipe da Apple as embalassem no que Jobs chamou de "um telefone, um iPod, uma câmera" (e muito mais) para que a mudança de estado seguinte ocorresse (Schroter, 2011).

A mesma história pode ser contada sobre essencialmente qualquer outra disrupção: as coisas são feitas de uma maneira até não serem mais. Gradualmente, e então de repente, os estados mudam e, com eles, não apenas a maneira como as coisas vão sendo feitas, mas muitas vezes as empresas que dominam um determinado estado.

Não se engane: as mudanças de estado nos acompanham desde tempos imemoriais; elas só ocorriam muito, muito mais devagar do que ocorrem hoje. O futurólogo Ray Kurzweil apontou em seu ensaio *The Law of Accelerating Returns* (2001) que a taxa de mudança em si está acelerando, resultando, no século XXI, em seres humanos que, no ritmo atual, não progrediram 100 anos, e sim 20 mil anos. É melhor nos prepararmos para viver em um mundo de constantes mudanças de estado — no qual, entretanto, as necessidades subjacentes do consumidor, os trabalhos a serem feitos, permanecem estáveis.

Os perigos das mudanças de estado

É difícil navegar entre as mudanças de estado. Quando os mercados e as empresas se movem de um estado para o outro, as formas de fazer as coisas também mudam totalmente, o que cria toda uma série de problemas para quem já está estabelecido no mercado.

Vamos explorar isso por meio do exemplo da Blockbuster — e não, não estamos citando a Blockbuster para zombar da empresa ou regurgitar um dos clássicos no cânone da disrupção. Em vez disso, usamos a Blockbuster como um exemplo bem acabado e fácil de compreender acerca dos perigos das mudanças de estado.

Em 1985, o ano em que o Dire Straits liderou as paradas com seu sucesso *Money for Nothing*, o Tears for Fears proclamou que *Everybody Wants to Rule the World* e o USA for Africa nos lembrou que *We Are the World*, a Blockbuster abriu sua primeira loja em Dallas, Texas, com 8 mil fitas VHS de 6.500 títulos diferentes — um enorme acervo se comparado ao das típicas locadoras de videoclipes papai-e-mamãe encontradas em muitas cidades dos EUA.

A empresa, fundada pelo empresário de software David Cook, percebeu que o mercado altamente fragmentado e incrivelmente dependente de mão de obra, no qual as fitas de vídeo eram mantidas atrás do balcão e precisavam ser conferidas manualmente pelo funcionário da loja, estava pronto para ser automatizado e ganhar escala. A loja inaugural de Cook exibia as caixas dos vídeos em estantes. Os clientes escolhiam o filme, caminhavam até o balcão levando a fita de vídeo na mão e faziam o *check-out* usando um sistema computadorizado que utilizava scanners a laser e códigos de barras impressos na parte de trás do VHS. O roubo era evitado por meio de pequenas tiras magnéticas nas caixas de vídeos, que se comunicavam com o sistema de segurança na porta. A loja foi um sucesso instantâneo.

No final de 1987, a Blockbuster operava 133 lojas. Uma série de aquisições, combinadas com uma estratégia de crescimento agressiva, fez a Blockbuster expandir para 700 unidades no período de dois anos e, no início de 1993, o icônico logotipo azul e amarelo podia ser encontrado em mais de 3.400 lojas em todo o mundo. A Blockbuster cresceu em áreas relacionadas, como aluguel de videogames e música, e se fundiu com a gigante da mídia Viacom por impressionantes US$ 4,7 bilhões. Na virada do milênio, era possível encontrar uma loja Blockbuster a dez minutos de carro de praticamente todos os principais bairros dos Estados Unidos (Company-Histories.com, 2022). No seu auge, em 2004, a Blockbuster contava com 9.094 lojas e empregava aproximadamente 84.300 pessoas — 58.500 nos Estados Unidos e 25.800 em outros países (Zippia, s.d.).

Essa foi a derrocada da empresa: em sua essência, a Blockbuster não era uma empresa construída para fornecer entretenimento doméstico conveniente aos seus clientes, mas um negócio de aluguel de vídeo altamente eficiente, eficaz e extremamente otimizado, com forte presença física e especializado em operações de loja. A equipe da Blockbuster sabia melhor do que qualquer um de seus concorrentes em qual código postal inaugurar uma loja e como comercializá-la e administrá-la. As principais habilidades da empresa estavam essencialmente focadas em ser a melhor empresa de locação de vídeos do mundo — e nisso eles se destacaram. A Blockbuster dominou a era de seu estado de mercado — o mercado de aluguel de vídeo VHS.

Mas os estados mudam. Algumas dessas mudanças de estado demoram um pouco para se manifestar, mas, ao fim e ao cabo, inevitavelmente, elas acontecerão. O videocassete, uma tecnologia que já tinha nove anos quando a Blockbuster foi fundada, foi substituído pelo DVD, muito mais conveniente e fácil de manusear. Lançados em 1996, os DVDs são muito superiores às fitas VHS — em termos de qualidade de vídeo e áudio, durabilidade e conveniência. Os DVDs não precisam ser rebobinados (um estorvo constante para a Blockbuster e seus clientes, que levou ao slogan *"Be Kind, Rewind"* ["Seja gentil, rebobine"]). E, como Reed Hastings, cofundador da Netflix, percebeu rapidamente, eles podem ser colocados num envelope e enviados por um preço irrisório.

Fundada em 1997, muito antes de a Blockbuster atingir o pico de sua expansão, a Netflix percebeu que poderia solucionar, a um só tempo, vários entraves do mercado de aluguel de vídeos domésticos. Mesmo que a Blockbuster mais próxima esteja a apenas dez minutos de distância, dirigir até uma loja é um problema. Não conseguir o filme que você gostaria de assistir, pois ele já estava alugado, e pagar tarifas altas por devolver a fita com um único dia de atraso foram todos os inconvenientes que a Netflix resolveu com seu modelo de aluguel inspirado em pedidos por correspondência. Adicione a isso o sistema automatizado de recomendação da Netflix, introduzido em 2000, e o estado do aluguel de vídeos domésticos mudou drasticamente.

As mudanças de estado representam um grave perigo para quem já está consolidado no mercado. À medida que uma empresa se adapta de um estado para outro, suas habilidades e processos existentes tornam-se irrelevantes. Os investimentos da Blockbuster no negócio de aluguel de filmes na loja (em termos de pessoas, processos e despesas de capital) tornaram-se obsoletos no momento em que o aluguel de DVD por correspondência se tornou uma realidade, a despeito de a Blockbuster ser, então, a melhor empresa física de locação de vídeo do mundo. Uma vez que o estado mudou de fitas VHS em loja para DVDs por correspondência, o que importava era a capacidade de administrar uma empresa de correspondência altamente eficiente, eficaz e extremamente otimizada. Não era preciso saber em que códigos postais as suas lojas devem estar, a localização de cada loja nem como executar o processo de check-out mais eficiente. No novo estado, o importante era descobrir como integrar os armazéns aos parceiros de logística e como executar operações de coleta/embalagem/envio altamente otimizadas.

Para quem já está no mercado e vê suas habilidades e processos existentes se tornarem obsoletos, um duplo desafio se apresenta: em primeiro lugar, é necessário construir habilidades e processos refinados para operar no novo estado (além de investir em infraestrutura). Em segundo lugar, é preciso descobrir como deslocar para o novo estado, ou descartar completamente, as operações antigas que rapidamente se tornam obsoletas, incluindo despesas de capital e operacionais. Tudo isso se agrava diante de mudanças muitas vezes necessárias nas operações e na cultura. Novos estados exigem que as empresas ajam e pensem fundamentalmente de forma distinta diante das necessidades e desejos de seus clientes. Adicione a isso as transformações nos modelos econômicos, que andam de mãos dadas com as mudanças de estado, e o resultado é o desafio mais complexo que um negócio jamais pode enfrentar. Considere, por exemplo, a transição do pagamento por fita de vídeo alugada para uma taxa de aluguel para assistir o que quiser, como foi o caso da Netflix.

Claro, os estados continuam mudando. De DVDs, fomos para o streaming de vídeo. Em vez de administrar um negócio de pedidos por correspondência com todos os seus aspectos operacionais, o desafio passa a ser administrar um negócio de tecnologia: gerenciar fazendas de servidores, programar interfaces de software voltadas para o usuário, como aplicativos móveis, negociar inserções do streaming em dispositivos de mídia e trabalhar com produtores de conteúdo para garantir direitos autorais — as habilidades e processos necessários para ter sucesso no mundo do streaming de mídia são notavelmente diferentes daquelas necessárias para administrar um negócio de aluguel de DVD por correspondência ou uma cadeia de lojas de aluguel de fitas VHS.

Agora sabemos, é claro, que a equipe de Reed Hastings na Netflix conseguiu essa transição de um estado para o próximo quase sem falhar — principalmente porque Hastings sabia que o DVD era apenas um estado transitório; streaming é um estado com muito mais potencial de permanência. Portanto, a Netflix poderia antecipar a mudança de estado e se preparar e ao seu pessoal para o inevitável.

As mudanças de estado criam ambientes profundamente disruptivos para as empresas estabelecidas operarem. Pode-se detectar mudanças de estado em todos os lugares, deixando de lado o exemplo Blockbuster/Netflix e aplicando os insights e lições aprendidas a outros setores e mercados. A transição de um mundo em que possuímos um veículo (com motor à combustão) para um outro onde assinaremos serviços de transporte, ao estilo Uber (utilizando frotas de veículos elétricos autônomos), é apenas um exemplo.

Como líderes, devemos entender a fundo o trabalho que nosso produto ou serviço faz por nossos clientes (a partir da perspectiva deles), avaliar em que medida estamos atendendo às necessidades dos clientes e procurar possíveis mudanças no estado. Uma vez que um sinal fraco indicando uma mudança de estado seja detectado e avaliado usando o filtro de detecção de sinal forte mencionado no capítulo anterior, os líderes podem e devem se envolver na preparação de sua empresa para a próxima etapa.

O que nos deixa com uma pergunta crítica: como é possível identificar uma mudança de estado?

Resumindo

Para antecipar, preparar e potencializar mudanças de estado, considere os seguintes pontos:

• A maneira como fazemos as coisas (o estado) muda, mas as necessidades subjacentes (os trabalhos a serem feitos) são tipicamente estáveis.

• Atualmente, você está operando num estado específico; cada estado está ou numa fase de estabilidade ou passando por mudanças graduais ou em transição repentina para um novo estado.

• O maior desafio de uma mudança de estado são o conhecimento, a experiência e os processos desalinhados da empresa já estabelecida — todos relacionados ao estado atual.

▶ 2.3. A relevância da relevância sustentável

Não há outro destino senão o que traçamos para nós mesmos.
— John Connor, O Exterminador do Futuro, parte 3: A rebelião das máquinas

A derrocada da Blockbuster e a ascensão da Netflix resultam diretamente de uma mudança de estado específica — a transição do VHS para o DVD. Com certeza, a indústria de entretenimento doméstico não é a única indústria que passou, passa e passará por mudanças de estado. Indústria após indústria, setor após setor, mudanças de estado ocorrem por toda parte e são constantes. Eis aqui os perigos das mudanças de estado: elas tendem a nos espreitar (lembre-se do "gradualmente, depois de repente" de Hemingway) e são facilmente descartadas em suas primeiras encarnações por não serem "suficientemente boas", "muito caras" ou simplesmente por parecerem uma maluquice despropositada. Mas, uma vez que se materializam, as empresas estabelecidas frequentemente tropeçam e hesitam em agir de forma decisiva e rápida, superar estruturas e descartar comportamentos arraigados na tentativa de reagir à nova realidade.

No início da pandemia de Covid-19, em meados de 2020, Andy Billings, chefe de lucratividade criativa da fabricante de jogos de computador Electronic Arts (onde sua responsabilidade é garantir que os negócios e a criatividade não apenas andem de mãos dadas, mas se impulsionem mutuamente), observou numa longa e instável conversa comigo via Zoom, que "o jogo em que estamos é de relevância sustentável. Como garantir que continuemos a pegar a onda certa e surfar direito?".

A relevância sustentável — capacidade de alcançar e manter a adequação do produto/mercado e de fornecer um produto ou serviço que atenda às necessidades dos clientes (o trabalho a ser feito), perpassando as mudanças de estado — é fundamental para a viabilidade e o sucesso a longo prazo da sua empresa. A Electronic Arts é um bom exemplo: alimentando o desejo de seus clientes por diversão e entretenimento, a empresa aproveitou com sucesso onda após onda tecnológica. Desde *consoles* e computadores pessoais mais primitivos até os jogos on-line e a última geração do PlayStation, da Sony, e do Xbox, da Microsoft, foi se destacando na criação de jogos de grande sucesso, cultuados por milhões de pessoas.

Não se engane: quando você vê uma mudança de estado acontecendo, geralmente tem a oportunidade de participar dela (assim como a Blockbuster), mas deve mudar rapidamente a maneira como pensa e age. Você precisa de um alto nível de adaptabilidade e não pode simplesmente reagir na defensiva.

A gigante do software Microsoft é um bom exemplo: a Amazon lançou o Amazon Web Services em 2002, experimentou um rápido crescimento e, por algum tempo, dominou o mercado. Sob a liderança de Satya Nadella, a Microsoft flexionou sua capacidade de adaptação, dobrou sua infraestrutura de nuvem, que oferece o Azure, e desenvolveu novas ofertas de produtos a uma velocidade vertiginosa. O Azure é agora a segunda maior presença no mercado e está se expandindo rapidamente. No processo, a empresa mudou seu tradicional modelo de negócios de venda para o de aluguel de software como serviço; o principal pacote Office da Microsoft hoje não está mais à venda dentro de uma caixa, mas sim na forma de uma assinatura mensal. É mais um cão velho a aprender um truque novo e, assim, permanecer relevante.

Christina Nesheva — fundadora da Unidade de Inovação Hive da ViiV Healthcare, uma *joint venture* entre a GSK, a Pfizer e a Shionogi — observa na entrevista que me deu para o podcast *Disrupt Disruption*: "Você não pode planejar, mas pode estar no jogo e se preparar para reagir e influenciar o desdobramento das coisas. É difícil — senão impossível — prever o futuro. Mas se agirmos logo diante dos primeiros sinais e considerarmos o que significam para nós, nossos negócios e nossos produtos ou serviços, podemos identificar as mudanças de estado. Por mais que não se possa planejar, é preciso ter um sistema implementado; é preciso estar no jogo para poder ter uma chance de responder".

Na virada do milênio, nos primeiros dias do eBay na Alemanha, aplicamos os insights de Nesheva diariamente: examinando de forma regular e cuidadosa os dados que coletávamos sobre o negócio, como informações sobre vendas e transações, *feedbacks* dos usuários, gravações e transcrições de atendimentos ao cliente; dessa forma, meus colegas e eu desenvolvemos um "sistema de alerta precoce" para mudanças de estado em nossos mercados.

O maior perigo para a equipe era perder uma nova categoria de itens sendo vendidos on-line; imaginar isso hoje é difícil, mas no ano 2000 seria quase impossível esbarrar em alguém vendendo um carro usado na internet. "Os carros estão sendo vendidos nas concessionárias ou localmente, de pessoa para pessoa; ninguém vai vender um carro para um comprador desconhecido do outro lado do país" era o que se costumava dizer.

Em 2001, nosso sistema de alerta precoce nos alertou sobre os primeiros carros (notoriamente amassados e, portanto, baratos) surgindo no mercado do eBay. Um sinal fraco se apresentou. Monitoramos e apoiamos as vendas de veículos em nosso mercado com modelos especiais de anúncios e aprendemos o máximo possível com os primeiros vendedores e compradores. Com o tempo, o sinal fraco se fortaleceu cada vez mais, resultando no eBay Motors (a recém-formada subdivisão do eBay dedicada exclusivamente em facilitar a venda de carros usados no mercado), que se converteu no maior mercado mundial de veículos usados, com receita anual de US$ 11,7 bilhões em 2021 (Hedges & Company, 2022).

Dissecando as mudanças de estado: três princípios

Como diz o ditado: não se pode reparar aquilo que não se vê. Para entender melhor o que está acontecendo no âmbito das mudanças de estado e, portanto, estar preparado para lidar com elas, vamos ampliar os princípios em jogo. Aqui, os dissecamos e colocamos sob o microscópio para identificar onde os operadores estabelecidos erram — e o que podemos aprender com esses erros.

Como já abordamos uma das histórias clássicas de disrupção, a Blockbuster, vamos escolher outra: a Nokia. De novo, não queremos fazer troça da Nokia — embora a confissão do então CEO da empresa, Stephen Elop, de que "não fizemos nada de errado, mas de alguma forma, perdemos" mereça um escrutínio mais minucioso como exemplo gritante de uma má interpretação grosseira do que se passava com o mercado de então.

Vamos retroceder no tempo para uma época de paz relativa, prosperidade e o surgimento da internet — a década de 1990. A Nokia, uma fábrica de papel finlandesa fundada em 1865, virou uma fabricante de botas de borracha (que você ainda pode comprar em lojas especializadas em toda a Finlândia), evoluiu para empresa de telecomunicações e fez a primeira chamada GSM no mundo, em 1991. Em sete breves anos, a Nokia se firmou como a marca de telefones celulares mais vendida em todo o mundo (Nokia, 2022). Em 2007, a Nokia ostentava um bilhão de clientes, o que levou a revista *Forbes* a publicar a foto do CEO da empresa, Olli-Pekka Kallasvuo, em sua capa (2007). Kallasvuo parece feliz, até presunçoso, segurando um celular em forma de banana no ouvido, e a manchete faz a provocativa pergunta: "Alguém consegue acompanhar a rainha do celular?".

Parafraseando novamente o guru da gestão Clayton Christensen (2013), a Nokia aperfeiçoou o ato de sustentar a inovação — inovações que melhoram um produto existente da forma que os consumidores esperam. Noutras palavras: os aparelhos da Nokia ficaram um pouco menores e um pouco mais leves e a duração da bateria aumentou, à medida que crescia a funcionalidade de cada novo modelo lançado.

No mesmo ano em que Kallasvuo estampou a capa da revista *Forbes*, a Nokia apresentou o N95 — um dispositivo revestido de alumínio muito bem acabado, com um mecanismo inteligente de deslizamento duplo que ocultava o teclado, uma configuração de duas câmeras, com GPS e mapas, e uma bateria que durava impressionantes duas semanas. De muitas maneiras, foi o auge de uma longa sequência de inovações sustentadas, desde o confiável "tijolo", o Nokia 1011, que pesava quase meio quilo, cuja bateria durava apenas doze horas em stand-by e veio ao mundo quinze anos antes do lançamento do N95 (Smith, 2007).

A Apple também lançou o iPhone nesse mesmo ano. Quatro meses depois que a Nokia lançou o N95 e dois meses antes de ele estar amplamente disponível no mercado, Steve Jobs mudou para sempre a forma como pensamos sobre os dispositivos de comunicação em nossos bolsos.

Depois que a poeira baixou, a pergunta na mente de todos era: o que diabos está acontecendo com a Nokia? Como é que a rainha dos celulares pôde não ver o iPhone chegando? Por que insistiram num telefone pequeno com teclado deslizante enquanto a Apple entendia que os consumidores queriam dispositivos de comunicação grandes e equipados com uma tela sensível ao toque? Em essência: como a Nokia foi disrompida pelo "verdadeiro" smartphone?

• Princípio nº 1:
A disrupção nunca tem uma única característica

Eis o problema: o iPhone não é uma coisa única (o "verdadeiro" smartphone), mas sim uma combinação complexa e inteligente de muitas inovações diferentes. Possui uma grande tela sensível ao toque capacitiva, uma poderosa unidade de processamento central (CPU), inúmeros sensores e se apresenta de forma totalmente diferente se comparado a um telefone celular tradicional.

A Nokia tinha acesso à mesma tecnologia de tela, aos mesmos chips e aos mesmos sensores, mas não conseguiu reuni-los para criar algo tão revolucionário quanto o iPhone.

Deixe essa informação de lado por um instante. Você nunca será disrompido por uma tecnologia ou mudança disruptiva qualquer. Inteligência artificial, blockchain, genética ou qualquer outra tecnologia jamais irá, sozinha, afetar o seu negócio. Em vez disso, será alguém que combinará essas tecnologias de maneiras novas e interessantes para criar um produto ou serviço irresistível.

Stewart Butterfield, fundador do software de comunicação Slack, agora onipresente e experimentando um crescimento vertiginoso, deu sua opinião sobre este princípio quando escreveu, para exaltar sua empresa, uma postagem inspiradora em seu blogue intitulado *Aqui não vendemos selas* (2014): "A melhor — talvez a única? — medida real e direta de 'inovação' é uma mudança no comportamento humano. É útil tomar essa maneira de pensar como algo decisivo: inovação é a resultante da mudança em todo o sistema, não uma coisa que cause uma mudança na forma como as pessoas se comportam. Nenhuma pequena inovação jamais causou uma grande mudança na forma como as pessoas gastam seu tempo, e nenhuma grande inovação jamais deixou de fazê-lo".

Isso nos leva ao nosso segundo princípio. A Nokia não foi a única empresa apanhada de surpresa pelo iPhone e arrastada pelo tsunami de disrupção da indústria que se seguiu.

• Princípio nº 2:
Suas habilidades e processos existentes não são mais relevantes

Até hoje, não consigo ouvir o hit dos Rolling Stones, *Start Me Up*, sem lembrar do lançamento do Windows 95. Bill Gates e a equipe de marketing na Microsoft arruinaram essa canção para uma geração inteira. Apenas um ano depois, em 1996, a empresa sediada em Redmond introduziu uma versão de seu onipresente sistema operacional Windows otimizado para dispositivos portáteis, o Windows CE. Em 2003, quatro anos antes de Steve Jobs subir ao palco da Macworld Expo para apresentar o iPhone, a Microsoft lançou o Windows Mobile, o sucessor do Windows CE — um sistema operacional projetado para dispositivos móveis e smartphones que acabou por ser o equivalente portátil de seu primo Windows para PCs, uma força importante no então emergente setor móvel.

Pouco depois de a Apple apresentar o iPhone, em 2007, um jornalista da CNBC perguntou a Steve Ballmer — então CEO da Microsoft e amigo de longa data do cofundador da empresa, Bill Gates — sobre sua reação quando viu o iPhone pela primeira vez. Ballmer chacoalhou a barriga dando sua tradicional gargalhada e declarou: "Quinhentos dólares? Totalmente subsidiado num pacote de assinatura? É o telefone mais caro do mundo. E não atrai clientes corporativos porque não tem teclado. O que não o torna uma máquina tão boa assim para e-mails" (smugmacgeek, 2007).

Na internet, o vídeo dessa fala se tornou um sucesso de público, com dezenas de versões circulando no YouTube, muitas delas com milhões de visualizações. Não é difícil se compadecer de Ballmer desdenhando daquela maneira do iPhone naquele seu jeito típico, quase paranoico — em retrospecto, fazendo um papel de bobo enquanto a Microsoft, pouco tempo depois, abria mão do mercado de celulares em favor de Apple e Google.

Mas examinar as coisas em retrospecto é sempre mais fácil. A questão então é a seguinte: o que ele viu, e também o que deixou de ver, em 2007, que o deixou tão convencido do fracasso iminente do iPhone?

E é aqui que a maioria de nós teria cometido o mesmo erro. Quando você olha para a resposta de Ballmer, percebe que ele está comparando o iPhone com o que havia de referência na época: telefones celulares ao estilo Nokia e os onipresentes dispositivos portáteis da BlackBerry — a "máquina de e-mails", carinhosamente apelidada de "CrackBerry" devido à sua natureza viciante. O iPhone era, de fato, o telefone mais caro do mundo e não tinha teclado, algo que dificultava a escrita de e-mails em comparação ao seu rival, o BlackBerry.

Naturalmente, o ponto é que o iPhone não é um telefone nem um BlackBerry; é um computador completo num formato minúsculo (e, portanto, o próximo grande passo na história das comunicações móveis). O iPhone é tanto um telefone, um dispositivo de e-mail, um reprodutor de música e uma câmera quanto tudo e qualquer coisa que um desenvolvedor de aplicativos inteligente possa conceber.

Esta é a razão pela qual o mercado de smartphones não poderia ter sido introduzido pela Nokia ou qualquer um de seus pares: nenhum deles tinha a menor experiência na construção de computadores e na programação de softwares para PCs. As habilidades e processos existentes da Nokia concentravam-se na fabricação de aparelhos. Todos eles se tornaram obsoletos da noite para o dia.

Mas o iPhone teria sido bem-sucedido apenas em decorrência de uma tecnologia mais avançada? Nosso terceiro e último princípio em jogo fornece a resposta.

▪ Princípio nº 3:
A disrupção quase sempre atinge um ponto de inflexão no mercado de entrada

Lembra de como era comprar um celular antes do iPhone? Você entrava numa loja xexelenta dentro de um shopping center com uns poucos aparelhos em exposição, carregadores e outros badulaques cheios de poeira e amontoados atrás de uma vitrine quebrada, com um jovem de vinte e poucos anos, mal--humorado e apático, sentado atrás do balcão. O único interesse dele era fazer você adquirir um plano de telefonia móvel de uma das operadoras o mais rápido e com a mínima interação possível, pois a cada venda ele ganhava um bônus das referidas operadoras. A experiência geral era semelhante à compra de um carro: vendedores desprezíveis com pouco ou nenhum desejo de ajudá-lo a tomar uma boa decisão e incentivos projetados para manter todo o sistema funcionando.

Compare isso com a forma como você comprou (e ainda compra) um iPhone. Você entra num templo de madeira, aço e vidro (noutras palavras: a Apple Store), um lugar tão reverenciado que há quem o considere um local de culto. Uma vez lá dentro, você é recebido por um "Apple *Genius*". A única missão dessa pessoa simpática e bem educada é garantir que você se sinta acolhido e bem atendido. Os gênios não tentam lhe vender produtos; em vez disso, eles os apresentam, permitem que você brinque com eles, faça perguntas e — depois de tomar sua decisão de compra — o ajudam a configurar seu novo amigo digital.

Steve Jobs — e, por extensão, a Apple — compreendeu melhor do que qualquer outra pessoa que a disrupção quase sempre atinge seu ponto decisivo no mercado de entrada. A empresa inventou um novo conceito de loja (cujo protótipo foi exaustivamente projetado num armazém secreto), substituiu o vendedor pelo "Apple *Genius*" e contratou alguns dos melhores talentos do varejo para suas lojas. A novidade do dispositivo, o preço comparativamente alto e o fato de a Apple não ter histórico na fabricação de telefones exigiam uma abordagem fundamentalmente diferente na forma como o produto era vendido.

Tudo que nos resta é especular, mas a Apple dificilmente teria sido tão bem-sucedida se tivesse optado pelos mesmos canais de distribuição e abordagem de vendas da Nokia — e Steve Ballmer estaria certo em sua avaliação de que o iPhone é, de fato, "o telefone mais caro do mundo". O iPhone foi a materialização de uma mudança de estado que exigiu um repensar radical do produto e de como ele vinha sendo comercializado e vendido.

Três princípios essenciais estão em jogo quando o estado muda: a disrupção se origina do somatório e da aplicação de tecnologias, não de uma única tecnologia ou recurso isolado. Uma vez que uma indústria ou mercado entra numa fase de mudança disruptiva, as habilidades e processos existentes das empresas estabelecidas transformam-se em obstáculos em vez de facilitadores. E, por último, a disrupção geralmente acontece por meio de uma estratégia bem executada no mercado de entrada, e não em decorrência da tecnologia em si.

O futuro da sua empresa depende da sua capacidade de alcançar e manter a relevância sustentável — noutras palavras, sua capacidade de jogar o jogo de estar no negócio e fazê-lo com sucesso, round após round. Considere as implicações de longo prazo das tecnologias e como elas afetarão seu mercado. Aprenda a digitalizar e detectar com maestria as próximas mudanças de estado. Identifique as habilidades, ferramentas e processos necessários para competir com sucesso no futuro. Prepare a si mesmo e à sua empresa com bastante antecedência. Mude a sua abordagem de entrada no mercado para mudar o jogo.

Abrace o futuro e você vencerá.

Resumindo

Para que sua empresa tenha relevância no longo prazo, considere os seguintes pontos:

• Avalie e pondere não apenas uma tecnologia específica isoladamente, mas as muitas maneiras de aproveitá-la para satisfazer melhor seu cliente e o trabalho a ser feito.

• Pesquise as habilidades, processos e investimentos necessários para operar com sucesso no novo estado — e faça essas mudanças antes que seja tarde demais.

• Tenha uma visão abrangente da experiência do seu cliente e da sua estratégia de entrada no mercado e considere maneiras novas ou diferentes de atendê-lo melhor no novo estado.

PARTE TRÊS
TRANSFORMAR

3. Transformando o futuro

> *Transformação significa que você perde sua forma original e está inteiramente disposto a assumir novas formas. Você se torna um pote não queimado, por assim dizer. Você não pode mais ser preenchido com água, mas, como a argila pura, é capaz de assumir um número infinito de formas.*
> — Sadhguru

"Transformação" deve ser uma das palavras mais saturadas do nosso tempo. No entanto, há uma boa razão para isso: ela está em toda parte, é necessária e raramente é bem-feita. Quatro desafios principais impedem que a transformação tenha êxito e cinco chaves cruciais a desbloqueiam. Eles não têm uma ordem nem um peso específicos. Todos eles devem ser sólidos ou vigentes e precisam ser bem executados para que uma empresa tenha êxito não apenas no curto prazo, mas, mais importante, no longo prazo. Como Andy Billings reiterou em nossa conversa de 2020: "O objetivo do jogo que estamos jogando não é inovação nem disrupção; é alcançar relevância sustentável. Assim sendo, não se ganha o jogo; jogamos para permanecer no jogo e continuar jogando".

Os líderes precisam manter o bom senso, pois são eles que conhecem a empresa por dentro e por fora. Um bom líder entende o que sua empresa pode processar e digerir a qualquer momento e, conforme isso, é capaz de ajustar o ritmo e o rumo. Dito isto, corremos o risco de correr em círculos como um cachorro atrás do próprio rabo se dermos ouvidos apenas a conselhos bem-intencionados e se os tomarmos ao pé da letra sem a cuidadosa adaptação às nossas especificidades: circunstâncias, contexto, capacidades e cultura.

Para começarmos nossa jornada de transformação, considere o sábio conselho apresentado por uma jovem executiva da Pearson, a principal empresa de educação do mundo, quando ela apresentou seu plano para o futuro diante de um auditório num elegante hotel em São Francisco, repleto de executivos e consultores de alto nível da empresa (incluindo este autor). Luzes brilhantes destacavam seu rosto, e a tela do seu PowerPoint estava projetada num telão antes de a apresentação em si começar. Ela veio até a frente do palco e começou a falar: "Não é complicado. Só é difícil".

Vamos explorar.

▶ 3.1. Falhas
Os quatro cavaleiros

A mudança não é necessária porque a sobrevivência não é obrigatória.
— W. Edwards Deming

Guerra, fome, peste, morte — esses são os castigos da humanidade no profético livro do Apocalipse, no Novo Testamento. Imortalizados numa famosa xilogravura pelo artista Albrecht Dürer, os quatro cavaleiros representariam as tribulações dos homens, ou, como aponta o historiador Edward B. Elliott, "tratam-se do declínio e da queda, após uma era próspera antecedente, do Império da Roma Pagã" (1862).

O quadro é dramático e evocativo, mas parece apropriado quando nos referimos ao declínio de titãs da indústria que já foram líderes, como a Nokia, a Blockbuster e a Kodak, bem como a possibilidade de esse ser o destino das principais empresas de hoje. A Innosight descobriu que, nos últimos dois anos, houve um declínio acentuado no tempo médio que uma empresa permanece no índice Fortune 500, cerca de quinze a vinte anos nesta década, com cerca de vinte empresas deixando o índice a cada ano (Viguerie et al., 2021).

Em nosso trabalho com empresas consolidadas de todo o mundo, independentemente do setor, geografia ou tamanho, encontramos quatro desafios comuns que elas enfrentam ao transformar seus negócios e operações. Viemos a chamá-los de "os quatro cavaleiros".

Deixe-me apresentá-lo aos quatro cavaleiros da transformação fracassada.

O cavalo branco: medo da canibalização

Nosso primeiro cavaleiro, montado em seu lustroso cavalo branco, é comum e normalmente o mais conhecido dentro das empresas. Ainda assim, é uma armadilha em que muitas delas acabam caindo: o medo da canibalização.

Sua empresa desfruta de participação de mercado estável, margens previsíveis, crescimento e lucratividade — resultando num mundo em que, parafraseando Jorge Paulo Lemann, "você simplesmente se concentrava em ser muito eficiente e tudo bem" (Samor, 2018). No entanto, muitas vezes, com o surgimento de um novo estado, ocorre uma mudança no seu modelo de negócios — não apenas em como você faz as coisas, mas também em como se remunera por seus produtos e serviços e gerencia seus negócios.

Em *O dilema da inovação*, Clayton Christensen mostrou que mudanças disruptivas frequentemente emergem de um novo estado, trazendo margens mais baixas, reduzindo mercados-alvo e, com isso, a lucratividade e o potencial de receita em comparação ao estado atual (2013). O que leva muitos líderes a perguntar: "Por que eu iria querer fazer isso e, assim, canibalizar o negócio que já tenho?".

A resposta é: se você não fizer isso, outra pessoa irá fazer. Mas a realidade dessa questão não é assim tão óbvia. As mudanças de estado são fáceis de detectar em retrospectiva, mas podem ser difusas no instante em que ocorrem. É difícil superar a inércia organizacional e psicológica de perder recursos investidos, reputação e energia. Equilibrar uma compreensão flexível dos compromissos existentes com a necessidade ferrenha de se manter atualizado, muito menos à frente, dos mercados é algo complexo. E as empresas devem se explicar aos seus conselhos e acionistas; dizer-lhes que você ganhará menos dinheiro fazendo a coisa nova é uma pílula difícil de engolir.

E sendo assim você não age — até que, normalmente, um novo entrante, descompromissado, sem o peso acumulado de uma longa trajetória, surge, cresce e, portanto, disrompe o mercado que poderia ser seu. O resultado é uma empresa que passa instantaneamente da posição de líder para um posto subalterno — incapaz de controlar o jogo e forçada a jogar pelas regras alheias. A ironia é que, naturalmente, disso todos nós já deveríamos saber. A realidade, porém, é que a ganância e o pensamento de curto prazo ainda reinam soberanos no mundo corporativo.

A plataforma de negociação de ações Robinhood, fundada em 2013, tornou-se um fenômeno cultural e comercial ao oferecer negociações gratuitas de ações aos seus clientes. Os Millennials e a Geração Z migraram para o elegante aplicativo móvel da empresa, muitas vezes negociando suas primeiras ações na nova plataforma, transformando a própria Robinhood numa empresa de capital aberto com um valor de mercado de US$ 30 bilhões no primeiro dia de negócios.

Quarenta anos antes da Robinhood fazer sua estreia, Charles Schwab trouxe a negociação de ações baratas e acessíveis para as massas e, em 2005, eliminou todas as taxas de serviço de contas e operações. No entanto, a empresa não conseguiu, até recentemente, conter as ofertas de gratuidade da Robinhood e, assim, perdeu uma fatia significativa no mercado e na mente dos traders da próxima geração. Até poderia ter isentado as taxas antes, mas a empresa ganhava quantias substanciais de dinheiro com suas tarifas fixas e, portanto, ficou presa ao primeiro cavaleiro: o medo da canibalização.

As palavras de Scott Cook, fundador e ex-presidente e CEO da gigante de software contábil Intuit — e possivelmente um dos melhores líderes do Vale do Silício —, ainda ressoam como um aviso importante: "O sucesso é uma coisa poderosa. Tende a tornar as empresas estúpidas, e elas se tornam cada vez menos inovadoras" (Nisen, 2013).

O cavalo vermelho: a bagagem cara que você carrega

Um primo próximo, com diferenças sutis, mas determinantes, é a falácia do cavalo vermelho — "a bagagem cara que você carrega". Semelhante em resultado ao seu primo, o cavalo branco (o medo da canibalização), o cavalo vermelho se manifesta de forma ligeiramente diferente.

Toda empresa estabelecida tem capital e despesas operacionais existentes (CapEx e OpEx, abreviando-se), maquinário alugado ou próprio, software implantado e pessoas contratadas. Essa infraestrutura existente serve bem a uma empresa, permitindo-a operar de forma eficaz e eficiente. À medida que produtos ou serviços mais sofisticados vão sendo criados, isso garante que estes se beneficiarão de todas as otimizações que vieram antes, permitindo a quem está estabelecido consolidar ainda mais sua posição no mercado.

Mas quando os estados mudam, o CapEx e o OpEx existentes podem rapidamente se tornar um risco difícil de eliminar. Os investimentos de capital precisam ser amortizados (ou eliminados), e a mudança nas habilidades e conhecimentos da força de trabalho geralmente ocorre mais rapidamente do que a capacidade da empresa de requalificar ou adquirir novos talentos. Este último ponto se mostra particularmente espinhoso, pois talentos com as novas habilidades necessárias são um recurso escasso (o que cria uma oportunidade para a requalificação inteligente, como veremos quando chegarmos às correções, nos capítulos seguintes).

Por outro lado, embora os novos entrantes não se beneficiem de uma longa história de investimentos em CapEx e OpEx, eles também não precisam lidar com tecnologias desatualizadas ou funcionários com necessidades urgentes de qualificação e requalificação assim que o novo estado surgir. O legado de um se torna o fardo de outro.

Em 14 de março de 2006, a varejista on-line Amazon inaugurou a agora onipresente plataforma Amazon Web Services, apresentando o Simple Storage Service (S3) (Hargrove, s.d.). Isso inaugurou a era da computação em nuvem. Apenas alguns anos depois, com a Amazon lançando dezenas de novos serviços na sua infraestrutura de nuvem, a empresa se consolidou como líder no setor.

Naquela época, tive uma longa conversa com o diretor de tecnologia de um grande banco privado europeu. Durante o jantar, discutimos os méritos da infraestrutura baseada em nuvem, a competitividade de preços desses serviços, a facilidade de uso e a escalabilidade. Depois de muita concordância sobre as vantagens e o valor de mudar para a nuvem, degustando o tradicional bolo Floresta Negra alemão (delicioso, por sinal), perguntei quando o banco transferiria (partes de) sua infraestrutura para a nuvem. O CTO largou o garfo de sobremesa, deu um longo gole no café e respondeu: "Não iremos. Acabamos de investir num novo *data center* que nos custou mais de US$ 50 milhões e, por Deus, precisamos usar esse ativo".

Este é o desafio que se apresenta com o cavalo vermelho: apesar do melhor conhecimento e julgamento, os operadores históricos se colocam em desvantagem, pois se sentem obrigados (muitas vezes por boas razões) a usar seu CapEx e OpEx existentes, mesmo que isso obrigue à empresa a competir num jogo desigual que impôs a si mesma. O legado muitas vezes é um grande trunfo se você operar de forma a sustentar a inovação. Que pode se tornar seu calcanhar de Aquiles quando você depara com uma situação disruptiva de inovação.

O cavalo preto: reações autoimunes

Quase todos os organismos desenvolveram uma rede altamente evoluída e incrivelmente eficaz de processos biológicos que os protegem de doenças — o sistema imunológico. Ele identifica e reage a uma ampla variedade de patógenos, de vírus a vermes e parasitas, bem como células cancerígenas e objetos como lascas de madeira, distinguindo-os do tecido saudável do organismo (Johns Hopkins Medicine, s.d.).

    Da mesma forma, as empresas evoluem para criar sua própria versão de um sistema imunológico. No início, toda startup ou projeto dentro de uma empresa estabelecida está em fase de descoberta e exploração. Ensaiam-se muitas coisas, iterações, testes, protótipos e produtos minimamente viáveis são criados. Com sorte, às vezes depois de muitas iterações e noites sem dormir, passamos desta fase inicial de exploração e inovação para o estágio de alcançar a adequação produto/mercado. O produto ou serviço encontra seu público e satisfaz a demanda do mercado. Marc Andreessen, lendário personagem do Vale do Silício, resumiu isso sucintamente: "A única coisa que importa é chegar à adequação produto/mercado" (2007).

    Uma vez que ela tenha sido alcançada, a empresa começa a desenvolver um sistema imunológico — um sistema que protege o empreendimento dos concorrentes e de outros participantes do mercado. Com o tempo, o sistema imunológico se torna mais robusto e pode até mesmo calcificar. As empresas começam a contratar pessoas que exageram na defesa do *status quo* a fim de fortalecer suas defesas imunológicas. Tudo isso é bom, mas, de vez em quando, o sistema imunológico se volta contra si próprio e desenvolve reações autoimunes. Nos organismos, uma reação ou doença autoimune é uma condição decorrente de uma resposta imune anormal a uma parte funcional do corpo (Watson, 2022). No mundo empresarial, isso se expressa quando o sistema imunológico defende o *status quo* do mundo exterior e se contrapõe a novas ideias internas. O comentário revelador disso em qualquer reunião é quando alguém diz: "Não é assim que fazemos as coisas aqui" ou "Já tentamos isso e não funciona".

    Perdi a conta de quantas vezes lutei contra reações autoimunes em empresas para as quais trabalhei — incluindo líderes mundiais como o Google, onde o cavalo preto muitas vezes se esconde como "cultura" ("É assim que fazemos as coisas aqui no Google") ou está profundamente arraigado em argumentos racionais. O sistema imunológico da sua empresa é essencial e necessário para a sobrevivência, e toda empresa tem um. A questão surge quando o sistema imunológico se volta contra si mesmo, ataca novas ideias, refere-se à memória institucionalizada de experimentos fracassados anteriormente e impede que a empresa evolua. Seja criativo e desenvolva maneiras de se imunizar contra ataques autoimunes. Um dos nossos clientes adora distribuir sachês de vitamina C sempre que alguém numa reunião reage dizendo "não". O que começou como uma piada irônica tornou-se um poderoso lembrete para não deixar o sistema imunológico sair do controle.

O cavalo pálido: a falácia do horizonte temporal

Na virada do milênio, a empresa de consultoria McKinsey apresentou a estrutura "Três horizontes temporais" no livro de Mehrdad Baghai, Stephen Coley e David White, *A alquimia do crescimento* (2000). A ideia é simples, convincente e faz sentido — o que explica por que o modelo passou a integrar a caixa de ferramentas de todos os estrategistas e consultores do mundo. A McKinsey instou as empresas a investir não apenas no curto prazo ("Horizonte temporal 1" ou, no dizer da empresa de consultoria EY, "Agora") — algo que qualquer empresa faz, ou do contrário não seria capaz de entregar seus produtos e serviços aos clientes —, mas também no futuro intermediário ("Horizonte temporal 2" ou "Logo" — normalmente de dois a cinco anos) e no longo prazo ("Horizonte temporal 3" ou "Depois" — qualquer coisa além de cinco anos; muitas vezes isso é pesquisa e desenvolvimento, abreviado como P&D). Com essa estrutura, a empresa destacou um dos desafios cruciais que as empresas enfrentam: a dualidade entre curto e longo prazo.

Mais de vinte anos depois, algumas falácias se apresentam quando se aplica esse modelo aos negócios. Geoffrey Moore, autor de uma série de livros essenciais no cânone da disrupção, incluindo o clássico cult *Crossing the Chasm* (1991), aponta para três falácias análogas que encontramos diariamente no convívio com os clientes.

O primeiro encontro com o cavalo pálido acontece quando o corajoso líder de uma iniciativa do Horizonte temporal 2 (um lembrete rápido: eles trabalham num projeto que está entre dois a cinco anos do mercado) encontra o líder dedicado ao Horizonte 1 e lhe pede recursos adicionais para ampliar seu projeto.

Num dia quente de verão, Beth, uma jovem e enérgica líder que trabalha num novo aplicativo de aprendizado de idiomas para um de nossos clientes do setor educacional, reuniu-se com seu líder centrado no Horizonte 1 (que não será identificado para proteger os inocentes) para apresentar sua ideia, demonstrar um protótipo funcional e discutir o plano de negócios do novo produto. Ao conversar com seu chefe sobre os detalhes, o suor escorrendo de sua testa (ela culpou a temperatura), seu chefe fez o que a maioria dos líderes do Horizonte 1 faz. Pediu métricas que se encaixassem no contexto atual: "Quando teremos 100 mil usuários no aplicativo?" e "Quando você vai ganhar dinheiro com esse produto?". Levando em conta os limites do Horizonte 2, Beth respondeu dando de ombros e num tom um bocado incomum: "Eu não sei. Ninguém sabe, já que ninguém nunca fez isso antes".

Seu comentário resultou numa reação previsível: o pedido de recursos foi negado. A primeira falácia dos Três horizontes temporais entra em cena: aplicar o raciocínio e as métricas do Horizonte 1 às iniciativas do Horizonte 2.

Os líderes do Horizonte 2 acabam desanimando. Como alguém que passou toda a sua carreira trabalhando no excitante e às vezes assustador mundo do Horizonte 2, posso dizer o que acontece (e aconteceu neste caso também): você começa a aprender a falar a língua do seu líder do Horizonte 1. Beth se jogou no desafio e produziu planilhas Excel e slides PowerPoint demonstrando crescimento exponencial — bem ciente de que tudo isso era uma ilusão que poderia ou não ser verdade, uma vez que ninguém poderia saber ao certo: a essência do Horizonte 2 é que ele é inerentemente desconhecido. Mas assim foi, e, no devido tempo, ela conseguiu os recursos. Infelizmente, um momento de conquistas no trabalho atual (e futuro) costuma ser acompanhado pela falácia número dois.

Quando o núcleo da empresa passa por tempos difíceis — o lucro murcha, o sentimento do cliente muda ou uma pandemia global disrompe a vida como a conhecemos —, o Horizonte 1 adora ir ao Horizonte 2 para pedir os recursos de volta. O argumento é simples, irrefutável e míope: o Horizonte 2 não gera receita. Tudo isso, é claro, está de cabeça para baixo. O Horizonte 1, por mais que possa gerar o fluxo de caixa necessário, é o presente e o passado; o Horizonte 2 é o futuro. No entanto, frequentemente saqueamos os recursos do nosso futuro, o que infelizmente aconteceu à nossa jovem personagem. Diante de uma mudança no mercado, a empresa se viu com o fluxo de caixa em apuros e sacrificou o novo projeto ao transferir sua equipe para outros setores. Talvez ainda trágico foi que Beth deixou a empresa depois de se frustrar com tudo que ocorreu.

Por último, como Geoffrey Moore defende apaixonadamente, você só pode trazer um único grande projeto da sua equipe de P&D (e, portanto, do Horizonte 3) através do Horizonte 2 para o aqui e agora, o seu Horizonte 1. No momento em que você tenta trazer vários projetos ao mesmo tempo, confunde o mercado, sobrecarrega os sistemas e a infraestrutura e estabelece prioridades conflitantes para a equipe de vendas — tudo isso é uma receita infalível para o desastre.

Tive a enorme sorte de trabalhar ao lado de Geoffrey Moore durante meu tempo na Mozilla, a organização sem fins lucrativos por trás do navegador Firefox. Na época, a Mozilla tentou introduzir um sistema operacional para celular (Firefox OS) ao lado de um conjunto de serviços de internet, como o sistema de identidade Persona, enquanto tentava manter sua posição no mercado de navegadores. Em essência, tínhamos um produto bem estabelecido do Horizonte 1, o Firefox, com 500 milhões de usuários em todo o mundo, e várias iniciativas impulsionando o Horizonte 2.

Moore nos exortou a reconsiderar nossa abordagem e nosso timing — e nos contou uma história do seu período na Apple, onde atuava como conselheiro pessoal de Steve Jobs. Quando a Apple lançou o iPhone em 2007, seu primo maior, o iPad, estava essencialmente pronto (os conceitos e protótipos do iPad são anteriores ao iPhone). Introduzir um smartphone e um tablet simultaneamente reduziria significativamente o impacto que qualquer um desses dispositivos teria no mercado e teria gerado desafios gerenciais substanciais dentro da empresa em relação a foco e alocação de recursos. Depois de apresentar o iPhone e ser questionado se a Apple não faria um tablet, Jobs brincou que a Apple não faria um tablet, os tablets são uma ideia estúpida e o futuro é o iPhone. Em essência, Jobs mentiu para manter seus clientes e equipes internas focados em apenas uma coisa: o revolucionário iPhone. Três anos depois, quando a Apple apresentou o iPad a um público entusiasmado, Jobs inverteu a posição afirmando que o projeto do tablet "foi a coisa mais importante que já fiz" (Arrington, 2010). Jobs sabia que o mercado, seus clientes e sua empresa só podiam lidar com uma grande inovação a cada vez, e fez tudo o que pôde para proteger as partes interessadas internas e externas concentrando-se exclusivamente no iPhone e, mais tarde, no iPad.

Anos depois, quando perguntado qual era a abordagem da Apple para a inovação, Jobs resumiu o insight que havia aprendido com Moore de forma sucinta: "Temos uma equipe trabalhando numa só coisa" (Moore, 2015).

Nomeie os seus cavaleiros

Os quatro cavaleiros adoram cavalgar juntos e muitas vezes trazem companhia na viagem, resultando num quinto (e sexto) cavaleiro. Reserve algum tempo para mapear os quatro cavaleiros para sua empresa; ainda estou por conhecer uma empresa onde eles não estejam presentes. Identifique os seus companheiros, pois mais do que apenas quatro cavaleiros estão certamente galopando pelos seus domínios.

Somente quando pudermos nomear e domar os cavaleiros e superar as falhas em nossas empresas, poderemos enfrentar a transformação com sucesso.

Resumindo

Para controlar os quatro cavaleiros, considere os seguintes pontos:

• Encare a possibilidade de canibalizar seu negócio existente como uma oportunidade, não uma ameaça. Se você não o fizer, outra pessoa o fará.

• Dê uma olhada nos seus ativos — tanto CapEx quanto OpEx — e separe aqueles que irão atendê-lo no futuro daqueles que não irão. Descarte, reaproveite ou melhore os últimos.

• Mapeie o sistema imunológico da sua empresa e desenvolva sistemas de alerta precoce e defesa para detectar sinais de que o sistema imunológico está atacando a própria empresa.

• Crie processos e indicadores-chave de desempenho para os seus projetos do Horizonte temporal 2. Uma vez implementados, crie maneiras de proteger esses projetos do restante da empresa.

▶ 3.2. Soluções

A única maneira de dar sentido à mudança é mergulhar nela, mover-se com ela e se juntar à dança.
— Alan Watts

A gigante de computadores, *consoles* e jogos on-line Electronic Arts (EA) opera numa indústria famosa por devorar os seus rebentos. Fundada há quase quarenta anos pelo visionário designer de jogos Trip Hawkins, a EA não só conseguiu manter-se relevante enfrentando inúmeras mudanças de estado na indústria, mas continua a inovar num ritmo vertiginoso. A EA é uma titã no mercado global de jogos, desde os primeiros jogos para PC até *consoles* e agora jogos específicos para a internet e baseados em nuvem. Com um valor de mercado de mais de US$ 35 bilhões e ações que valorizaram dez vezes nos últimos dez anos (Yahoo Finance, 2022), a empresa mostrou que um cachorro velho pode realmente aprender muitos truques novos.

Durante nossa conversa de 2020, Andy Billings, da EA, refletiu sobre como sua empresa encara a inovação e a disrupção. Depois de uma série de comentários ponderados sobre as estratégias, táticas e processos que sua equipe implementa, Billings ficou em silêncio, refletiu demoradamente e perguntou sobre si mesmo e sua empresa:

É realmente possível ser planejado, ponderado, eficaz, bem organizado e linear na gestão de mudanças disruptivas? Quando você fala com as pessoas na linha de frente, elas lhe dirão que nada parece com o que é descrito nos livros.

Tendo estado na linha de frente da inovação, trabalhado em inúmeras iniciativas do Horizonte 2 e lido todos os livros e artigos que pudessem me ajudar e enfrentar os desafios de gerenciar mudanças disruptivas, acredito que Andy está certo. A maior parte do que falamos nos livros faz todo o sentido no papel e na sala de reuniões, mas está muito longe da realidade na prática.

Assim começou minha busca pelos ingredientes que fazem a mudança disruptiva funcionar: nos dois anos e meio seguintes, realizamos entrevistas aprofundadas com mais de 250 envolvidos — as mesmas pessoas a que Billings se referiu como "vanguarda" da mudança disruptiva. Começamos cada discussão com uma pergunta simples: "O que você faz para que a inovação, a disrupção e, portanto, a transformação funcionem?".

Codificamos esses insights e buscamos referências na literatura disponível. Desde o cânone popular sobre inovação e disrupção até a mais recente pesquisa acadêmica, testamos nossos insights extensivamente com nossos clientes, os refinamos repetidamente e os validamos com empresas, desde pequenas e médias empresas àquelas que integram o índice da Fortune 500, bem como com líderes teóricos do assunto.

Em última análise, deciframos o código para uma transformação bem-sucedida — e você pode contar as soluções com uma única mão.

Cinco chaves para desbloquear a sua transformação

Nesta seção, vamos nos aprofundar nas cinco chaves que desbloqueiam a transformação bem-sucedida para líderes empresariais, incluindo a unidade de inovação Alpha da empresa de telecomunicações Telefónica; a potência siderúrgica alemã Klöckner & Co, de 115 anos; a Fundação Wikimedia, que trouxe ao mundo a enciclopédia on-line Wikipedia; a gigante do varejo DIY Lowe's; a líder de software SAP; o Programa Mundial de Alimentos; e a empresa de consultoria EY. Além disso, você conhecerá e aprenderá com líderes de renome mundial de instituições como o Instituto de Tecnologia de Massachusetts (MIT) e o Instituto de Design Hasso Plattner, de Stanford — mais conhecido como d.school —, bem como líderes de pequenas e médias empresas altamente inovadoras e disruptivas de todo o mundo.

O que todos esses personagens têm em comum é que eles estiveram à frente (muitas vezes em várias ocasiões e por períodos prolongados de tempo) de iniciativas de transformação bem-sucedidas — não num escritório de esquina no vigésimo quinto andar de um arranha-céu revestido de vidro, mas nas profundezas das trincheiras da mudança disruptiva, exatamente onde a ação acontece. Cada um desses líderes deu ênfase à chaves específicas que se mostraram particularmente relevantes em suas respectivas circunstâncias sem descuidar das demais chaves, todas fundamentais para seu sucesso sustentado na transformação (e retransformação) de seus negócios.

Cada um pode usar uma linguagem diferente para descrever as chaves e dar a elas seu toque pessoal — mas as cinco chaves aparecem consistentemente em seus respectivos trabalhos.

Transformações bem-sucedidas partem das premissas iniciais, incorporam princípios ágeis em toda a empresa e gerenciam a tensão entre o núcleo ("*core*") e a borda ("*edge*") da empresa. Os líderes exibem um conjunto de características específicas de liderança e concentram energia na capacitação e requalificação de sua força de trabalho. Em resumo: cinco chaves desbloqueiam sua capacidade de detectar e enfrentar as ondas de mudanças de estado e criar relevância sustentável a longo prazo.

Nota: não acredito em dogmas. Nenhum de nossos entrevistados expôs suas considerações como a Verdade (com "V" maiúsculo), mas sim como percepções fundamentais subjacentes que exigem uma atenção cuidadosa às circunstâncias existentes. Cada empresa opera em diferentes indústrias e mercados. Elas trabalham com diversas pessoas e abordagens para administrar a empresa e as culturas (tanto dentro da empresa quanto no mercado em que atuam). Abordagens deterministas e visões dogmáticas não funcionam; seu trabalho (se você se dispuser a fazê-lo) é pegar aquilo que aprendemos e colocar em prática na sua empresa.

Estamos falando da sua empresa e da sua jornada. Você conhece o seu negócio melhor do que qualquer pessoa de fora jamais seria capaz de conhecer. Aprenda com aqueles que navegaram com sucesso na transformação, faça as perguntas (geralmente) difíceis, seja honesto consigo mesmo e se apodere dos aprendizados deste livro.

Um aviso franco antes de começarmos: ninguém gosta de mudança (especialmente quando a mudança lhes afeta). E, certamente, ninguém gosta de mudanças disruptivas; os mercados não gostam, pois tendem a se concentrar no curto prazo, e suas equipes não gostam, pois temem perder seus bônus e empregos. E assim, em teoria, você terá todos contra você. Nesse contexto, devemos nos lembrar de que esta não é uma proposta "de/para". Não é um túnel em que você entra por uma extremidade e sai na outra para (re)encontrar a calma e a tranquilidade. Em vez disso, nunca tem fim. Assim, o que precisamos aprender como líderes e como empresas não é como superar a disrupção, mas como viver em disrupção, estar em constante mudança, adaptação e evolução. A disrupção é uma polaridade a ser gerenciada, não um problema a ser resolvido. Em menor grau, você está em apuros, à medida que se torna obsoleto; em larga medida, sua empresa ficará fora de controle.

Como ironiza Kyle Nel, com quem novamente encontraremos mais tarde: "Você não quer afundar nem ficar amarrado ao porto; você só quer navegar".

Mas, é claro, a mudança não é uma opção, mas um imperativo. Vamos ao trabalho!

3.2.1. Chave 1:
Raciocinando a partir da primeira causa

Dê-me um ponto de apoio e uma alavanca e eu moverei o mundo.
— Arquimedes

O que o magnata dos negócios Elon Musk e o filósofo Aristóteles têm em comum? Não, esta não é uma pergunta difícil. Mais de 2.300 anos atrás, o filósofo grego Aristóteles definiu uma maneira fundamental de pensar, incentivando seus alunos, que incluíam Alexandre, o Grande, a argumentar a partir da "primeira base a partir da qual uma coisa é conhecida" (Metafísica, 1013a14-15). Ao longo dos séculos, o "pensamento da primeira causa" de Aristóteles tornou-se o fundamento do método científico do qual deriva e se constrói tudo o que reputamos ser fundamentalmente verdadeiro. Enquanto isso, atalhos mentais foram estabelecidos em muitas outras partes da sociedade — incluindo empresas modernas — para acelerar o processamento de informações e a tomada de decisões.

Refletir tomando como base a primeira causa está passando por um renascimento nos dias de hoje. George Constantinescu, diretor de transformação na empresa canadense de engenharia, logística e energia ATCO, compartilha com o filósofo grego Aristóteles não apenas seu legado, mas também sua capacidade de pensar profundamente. Durante uma longa conversa que mantivemos via Zoom durante o confinamento da pandemia de Covid-19, com a chuva tamborilando nas janelas do meu escritório improvisado em casa, ele comentou: "A fase da jornada em que todos estamos requer disciplina suficiente para dedicar tempo e trabalhar com afinco para descobrir qual é a pergunta real que devemos realmente fazer — e respondê-la".

O mesmo sentimento apareceu essencialmente em todas as entrevistas que fizemos. A transformação e, portanto, a inovação e a disrupção começam com a pergunta difícil sobre o que realmente sabemos ser verdadeiro e, em seguida, a partir daí, examinam qual é a verdade em relação às necessidades de nossos clientes ou à maneira como as coisas são criadas, produzidas e vendidas. Em vez de se envolver no trabalho árduo e penoso de argumentar a partir da verdade irrefutável dos componentes individuais que compõem uma solução, os tomadores de decisão modernos dependem de suposições, conjecturas e de terceiros [*proxies*] para tomar decisões rápidas.

As ideias de Aristóteles tiveram destaque quando Elon Musk, empreendedor e fundador da Tesla, descreveu a abordagem numa entrevista a Kevin Rose, uma celebridade do Vale do Silício (em 2013). Musk respondeu, quando perguntado sobre a Tesla e a razão pela qual ele construiu sua própria fábrica de baterias: "É importante raciocinar a partir da primeira causa e não por analogia. Argumentar por analogia é mentalmente mais fácil; argumentar a partir da primeira causa é olhar para o mundo pela ótica da física. Resumir as coisas às verdades mais fundamentais e perguntar: 'O que sabemos com certeza que é verdade?' nos permite então raciocinar a partir daí".

Musk aplicou essa maneira de raciocinar quando precisou adquirir grandes quantidades de baterias de íons de lítio para seus veículos elétricos. Os fornecedores da Tesla continuavam lhe dizendo que eram caros (no valor de US$ 600 por quilowatt/hora) e assim sempre permaneceriam. Em vez de aceitar essa visão, Musk desafiou sua equipe a argumentar a partir da primeira causa e identificar os ingredientes brutos que compõem essas baterias: cobalto, níquel, alumínio, carbono e polímeros. Ao confrontar essa verdade fundamental e pesquisar o preço das matérias-primas, sua equipe percebeu que a conta das matérias-primas totalizava apenas oitenta dólares, uma fração do custo de uma bateria montada. Essa percepção levou à criação da Gigafactory, a fábrica de baterias de Musk.

Mesmo que você não disponha dos bilhões de dólares necessários para construir sua própria versão da Gigafactory, chegar a uma compreensão fundamentada e baseada na primeira causa lhe permite ser um negociador e estrategista astuto.

Refletir sobre a primeira causa é a premissa mais básica de todos os inovadores que entrevistamos. É o passo inicial na jornada de uma equipe rumo à transformação, identificação e preparação para as próximas mudanças de estado. Como o escritor de ficção científica Jeff Van der Meer disse de um dos personagens em seu livro *Authority* (2014): "Como nossas mentes processam informações quase exclusivamente por meio de analogia e categorização, muitas vezes somos derrotados quando deparamos com algo que não se encaixa em nenhuma categoria e está fora do escopo das nossas analogias. Um círculo olha para um quadrado e vê um círculo mal feito".

Em nossas conversas, os líderes com frequência mencionaram três abordagens distintas, mas conectadas, à reflexão sobre a primeira causa — sublinhando como todos os três precisam ser usados para chegar a uma visão abrangente dos desafios, oportunidades e possíveis soluções. Em essência (e nas palavras de Maurice Conti, ex-chefe da Moonshots, na Telefónica Alpha): "O mais importante é ter uma compreensão cristalina do problema que você está tentando resolver. Parece fácil, mas é extremamente difícil de fazer, pois subestimamos com folga a dificuldade, a importância e o valor de alcançarmos uma clareza brilhante".

Primeira causa de dentro para fora

"Quando você fabrica clipes de papel, é muito fácil se tornar uma empresa de clipes de papel — esforçando-se para se tornar a melhor do mundo em fazer clipes de papel." Com esse aviso crucial, Rodolfo Rosini, coach de tecnologia líder da Conception X, iniciou nossa conversa sobre a primeira causa e, especificamente, sobre estar alinhado rigorosamente às necessidades do cliente.

Mas quando o mercado muda, os estados mudam e você percebe que o mundo está deixando para trás os clipes de papel, muitas vezes é extremamente difícil deixar de fazer clipes de papel para voltar a entrar em contato com o ponto de partida de sua jornada — as necessidades de seus clientes.

A moral do aviso de Rosini: não seja uma empresa de clipes de papel, mas uma que dê conta dos trabalhos que clientes precisam que sejam feitos (que podem ser feitos, por enquanto, por meio dos clipes de papel).

Gostamos de fazer uma pergunta provocativa aos executivos dos nossos clientes: quanto tempo você passou com o seu cliente na semana passada? Não jantando e bebendo vinho, mas no chão da fábrica, observando, fazendo perguntas e adquirindo uma compreensão fundamental das necessidades deles? A resposta tende a ser… zero.

Como mencionado anteriormente, para se iniciar no pensamento da primeira causa, concentre-se em identificar a verdade com "V maiúsculo" do que você sabe com certeza ser real. Essas podem ser as partes físicas constituintes do que estivermos produzindo (como foi o caso no exemplo de Musk anteriormente) ou podem ser ancoradas numa compreensão fundamental das necessidades e desejos de seus clientes (os trabalhos que precisam ser feitos). Uma vez feito isso, acrescente a essa análise as habilidades, pontos fortes e fracos inerentes à sua empresa. A sobreposição entre o produto, a necessidade do mercado e as habilidades da sua empresa fornece uma imagem clara das suas oportunidades.

A partir de 2006, Michael Porter, professor da Harvard Business School, e seu colega Nitin Nohria passaram a acompanhar o que os CEOs fazem durante o dia de trabalho. Sessenta mil horas depois, eles descobriram que os CEOs, em média, gastam apenas 3% de seu tempo total de trabalho com os clientes — um número que é superado até mesmo pelos 5% que gastam com consultores (Porter, 2018). Num mundo de rápidas mudanças de estado, em que é fundamental entender o trabalho a ser feito para um cliente, isso não é um bom presságio.

Isso é pensar de dentro para fora — aplicar uma lente de primeira causa ao interior do seu negócio.

Me leve para casa

Viaje no tempo comigo para o ano de 1983. O grupo Toto chegou ao topo das paradas com *Africa* — uma música que desde então não para de tocar.

A internet como a conhecemos veio ao mundo naquele ano, e a primeira chamada de um telefone móvel do mundo foi gerada. Se você comprou um computador pessoal naquele ano (provavelmente um Apple IIe ou talvez IBM PC ou algo do gênero), deve ter saído da loja de computadores carregando seu computador novinho e, enquanto o levava para o porta-malas do carro, deve ter sido abordado por um jovem bem vestido que se apresentou como "Scott, da Intuit". Scott — isto é, Scott Cook, fundador e CEO da empresa de software Intuit — deve ter lhe contado sobre seu novo software de contabilidade, chamado Quicken, e perguntado se poderia lhe dar uma cópia gratuita para que você o instalasse.

E assim, a Intuit estabeleceu a tradição do "Me leve para casa" (*Follow Me Home* [FMH], no original). Até hoje, os funcionários da Intuit passam regularmente tempo com seus clientes — não para pedir que venham à sede da Intuit em Mountain View, Califórnia, e se acomodem em sua bela cafeteria sob o sol californiano, bebam água com gás importada de alguma cidade exótica da Europa e desfrutem dos lanches gratuitos, mas para que acompanhem seus clientes até em casa.

Inspirados pelo biólogo e documentarista David Attenborough, os funcionários da Intuit escrutinam seus objetos de estudo em seu habitat natural. Eles evitam ao máximo interferir e apenas absorvem tudo que os clientes fazem — os mínimos aborrecimentos, jeitinhos que dão para que algo funcione como querem, coisas que fazem manualmente, mesmo estando diante do computador, até coisas que poderiam fazer no computador e não fazem, porque talvez nem saibam que é possível.

Essa prática foi expandida e refinada desde os primeiros dias de Cook abordando usuários de PC no estacionamento da loja de computadores — sendo o elemento mais importante de um *Me leve para casa* bem-sucedido a possibilidade de observar "sem suposições ou expectativas como o entrevistado usará os produtos ou que conjunto de desafios eles enfrentam diariamente" (Flowers, 2021). Ao fazer isso, você se permite "ser surpreendido" e evita aplicar noções e preconceitos preconcebidos à situação ou buscar confirmação para as suposições que carrega.

Em nossa entrevista para o podcast *Disrupt Disruption*, Amy Radin, executiva e estrategista da Fortune 100, relembra a implantação de uma visão de primeira causa centrada no cliente numa empresa de biotecnologia e acrescenta alguns insights importantes. A empresa foi fortemente impulsionada por vendas e produtos. Com uma mudança de estado iminente no horizonte, Radin se propôs a entender melhor os clientes da empresa e os trabalhos que precisavam ser feitos.

Ela precisou de alguns meses para convencer o chefe de vendas de que "não havia problema em conversar com nossos clientes". Depois de finalmente receber o sinal verde, Radin descobriu que lhe deram uma lista cuidadosamente selecionada de oito clientes com quem podia conversar. A lista consistia em clientes dos quais os vendedores da empresa se julgavam "donos", a fim de que ela não causasse problemas. Radin insistiu, conduzindo suas entrevistas e "foi com eles até a casa", e relembra na conversa que tivemos: "Foi como segurar um espelho na cara da empresa; aqui está como seus clientes o veem, por que eles realmente o contratam e quais são seus verdadeiros desafios".

Como resultado, a empresa criou uma nova linha de negócios, alternou outras, renovou sua estratégia de vendas e repensou sua estratégia de marca, já que a maioria de seus ativos mais significativos nem sequer estava presente em suas peças de marketing.

"Você está realmente ouvindo seus clientes?" tornou-se a pergunta inicial de Radin para qualquer novo empreendimento; essa também deveria ser a sua.

O inverso: a primeira causa de fora para dentro

Inverter sua perspectiva não é apenas salutar em qualquer relacionamento. Enquanto a perspectiva de dentro para fora está firmemente ancorada no aqui e agora, uma perspectiva de fora para dentro abre sua atenção para o futuro. Essa lente inverte a visão de uma perspectiva interna. Em vez de perguntar o que você considera fundamentalmente verdadeiro na sua esfera de influência direta (seus clientes, seu produto e sua empresa), na abordagem de fora para dentro da primeira causa você deve perguntar quais são as mudanças exteriores já conhecidas. Ao olhar para as mudanças demográficas, ambientais e políticas, você pode prever o futuro com um alto grau de certeza.

Lisa Kay Solomon, professora da d.school de Stanford, gosta de apontar que se o seu público-alvo forem, por exemplo, mulheres de trinta a quarenta anos, você pode prever com precisão como esse grupo demográfico se transformará nos próximos dez anos simplesmente examinando as mulheres na faixa dos vinte aos trinta anos hoje. Costumamos nos referir a essas tendências como "megatendências" — as inevitáveis mudanças de longo prazo que definirão nosso mundo no futuro.

 Solomon gosta de separar os elementos desse futuro entre aqueles que são fixos (ou seja, 100% certos, sendo os gráficos demonstrativos um exemplo aqui) e aqueles que têm algum nível de incerteza, mas um vetor muito nítido. Nesse último caso, vem à mente a mudança climática — uma alteração inevitável no nosso meio ambiente com implicações consideráveis para a sociedade e os negócios, mas que traz em si um nível de incerteza sobre como ocorrerá. Adicionar nuances à análise permite criar cenários dentro de cada megatendência, explorando ainda mais os futuros possíveis.

Especialista em olhar para os sistemas, seus ambientes circundantes e seu impacto nos negócios, Hannah Tucker, fundadora da Balance Point Ventures, se vale de uma abordagem abrangente em seu trabalho. Tucker faz isso considerando as condições sociais e ambientais, bem como as capacidades tecnológicas e de informação para seu pensamento externo, numa estrutura que ela resume afirmando que "considera tanto as condições quanto as habilidades".

Tucker mencionou como exemplo um de seus antigos clientes, uma empresa de processamento de carne. Ela começou com o impacto direto das mudanças climáticas na viabilidade dos terrenos destinados à pastagem, que deixarão de ser adequados a isso devido às mudanças nas temperaturas médias e no regime de chuvas. Ela continuou sua análise observando os aspectos sociais da pecuária como um contribuinte significativo para a crise climática — antevendo, portanto, uma potencial reação dos consumidores. Ao aplicar sua abordagem, ela procurou ainda mais a montante para identificar desafios na produção de ração para gado (a crise climática desempenha outro papel significativo aqui), chacoalhando vigorosamente a cadeia de valor.

Considerando o alto grau de certeza que temos sobre esses impactos, cabe às empresas nesse ramo aplicar a primeira causa de fora para dentro para alcançar adaptabilidade e resiliência. E não são apenas ameaças, mas também oportunidades que podemos identificar usando essa lente para perscrutar o futuro.

Conforme dissemos antes, seu trabalho como líder é identificar as ondas do futuro e garantir que você se mantenha de pé na prancha que é o seu negócio quando essas ondas estiverem no pico. As empresas e seus líderes estarão bem instrumentalizados se criarem um inventário tão completo quanto possível das mudanças externas e incorporá-las à sua estratégia. Muitas vezes, você encontrará mudanças de estado precedidas por mudanças inevitáveis no cenário macro em que operamos — facilitando a previsão e a adaptação a essas mudanças de estado.

Assim como surfar na costa do Havaí fica mais fácil quanto mais você aprende a ler o oceano e se equilibrar na prancha, detectar mudanças de estado se torna algo instintivo quanto maior for a sua prática. Fomentar a experiência e o conhecimento íntimo das externalidades relevantes para o seu negócio requer disciplina, recursos e esforço contínuo.

Pegue a sua prancha e caia na água.

Aprender com mundos paralelos

Talvez você precise ser um cineasta premiado para revelar uma terceira e única perspectiva com insights sobre o problema, a oportunidade e a solução. Este método nos foi descrito pela primeira vez por Álvaro Delgado Aparicio, cofundador, CEO e diretor de inovação do BREIN, usina de inovação do Grupo BRECA. O Grupo BRECA é uma das maiores empresas do Peru — um conglomerado que abrange setores primários, como pesca, mineração, saúde e serviços financeiros. Álvaro também é o diretor do filme *Retablo*, indicado ao BAFTA, que traz uma perspectiva única para o pensamento da primeira causa.

Além de uma perspectiva de dentro para fora e de fora para dentro, Aparicio procura verdades fundamentais em outros campos correlatos que se relacionam com a primeira instância dos seus negócios. Trabalhando com uma equipe de cientistas de dados da BREIN, desenvolvendo novos produtos para a unidade bancária do Grupo BRECA e antevendo uma futura mudança de estado na maneira como os consumidores mais jovens farão transações financeiras no futuro, Aparicio descobriu na equipe uma falta de empatia e de atenção ao cliente. A equipe da BREIN mapeou as expectativas, necessidades e desejos do cliente validados por insights e criou uma descrição concisa do trabalho a ser realizado. Relacionando-as com as megatendências, particularmente a mudança demográfica do consumidor e os avanços tecnológicos, a equipe conseguiu formular uma visão clara da natureza tecnológica da próxima mudança de estado. No entanto, faltava à equipe uma compreensão empática dos desejos dos clientes.

Examinando mundos paralelos, que oferecem insights e aprendizados essenciais sobre os comportamentos do público-alvo, Aparicio identificou no setor de hospitalidade uma semelhança notável: a hospitalidade é pródiga em abordagens inovadoras de atenção ao cliente. Consequentemente, a equipe de Aparicio trabalhou ao lado das equipes de hotéis e restaurantes para aprender o que esse setor faz para atender às necessidades dos clientes. A experiência resultou em insights cruciais que moldaram a mecânica específica, bem como a experiência do usuário do novo produto.

"Mundos paralelos" é um conceito poderoso que enriquece as abordagens típicas do pensamento baseado na primeira causa — e aponta para uma visão essencial que Lisa Kay Solomon compartilhou conosco:

• Procure perspectivas múltiplas: busque pontos de vista diferentes dos seus para evitar vieses.

• Use diferentes pontos de vista para identificar pontos cegos.

• Trate seus insights como hipóteses a serem testadas, não crenças a serem protegidas.

Resumindo a primeira causa

De dentro para fora	De fora para dentro	Mundos paralelos
Adquira uma compreensão fundamental das necessidades dos clientes / trabalhos a serem feitos	Identifique as situações que não mudam e considere as megatendências	Trace novos desenvolvimentos nas áreas centrais e adjacentes do negócio

Figura 5 – Três abordagens para refletir sobre a primeira causa

Todos os líderes com quem conversamos na nossa pesquisa começaram sua jornada de transformação a partir da primeira causa. Tome o exemplo de Rick Smith, fundador e CEO da Axon. Sua empresa de capital aberto tem um foco singular em "tornar obsoleto o projétil", e cria produtos como a arma de choque Taser. Depois que sua equipe na Axon examinou mundos paralelos e conceituou a plataforma de armazenamento de evidências digitais para o cumprimento da lei, Smith passou a construí-la operando a partir da primeira causa:

Analisamos o que estava acontecendo noutros setores com a mudança para a infraestrutura baseada em nuvem e propusemos criar uma plataforma nativa digital e baseada em nuvem para permitir que agentes de segurança pública reunissem e armazenassem evidências. Nesse processo, enfrentamos fortes críticas — argumentos como "isso é ilegal", "as evidências devem ser armazenadas na delegacia de polícia" etc. Ao aplicar uma abordagem baseada na primeira causa, aprendemos rapidamente que as objeções dos clientes estavam, de fato, enraizadas no receio sobre a segurança do sistema — uma objeção que poderíamos rapidamente refutar apontando os benefícios da infraestrutura baseada em nuvem, um modelo de segurança muito mais robusto do aquele PC defasado que equipa uma delegacia de polícia qualquer.

Muitos de nós costumamos avançar rapidamente na direção de uma solução. George Constantinescu nos exorta a desacelerar, mesmo que seja apenas um pouco: "Muitas conversas tendem a levar a soluções — muitas vezes uma solução específica promovida por alguém. Frequentemente, essas acabam sendo simplificações, até mesmo grosseiras, das reflexões que realmente deveríamos fazer. Perguntas como: Qual é o propósito do nosso trabalho? O que nossos clientes realmente querem? Como interagem conosco e com os nossos produtos e serviços? Como podemos fornecê-los de maneira mais eficiente? Depois de começar a fazer essas perguntas, você descobre que há uma vasta gama de respostas possíveis — e então a pergunta passa a ser: como podemos realizar o trabalho a ser feito para o maior número de pessoas, fazendo tudo bem-feito, reduzindo custos e da maneira mais justa possível?".

Comece sua jornada de transformação perguntando: "O que sabemos que é fundamentalmente verdadeiro?" e construa seu argumento a partir daí.

Resumindo

Para se tornar um especialista e raciocinar a partir da primeira causa, considere os seguintes pontos:

• Comece definindo o que você tem ciência de que é fundamentalmente verdadeiro e elabore a partir daí: (1) Identifique e defina as suas suposições atuais. (2) Reduza o problema aos seus princípios fundamentais. (3) Crie novas soluções a partir do zero.

• Identifique a janela de oportunidade através das três lentes do pensamento da primeira causa: de dentro para fora, de fora para dentro e através de mundos paralelos.

• Considere criar seu próprio programa *Me leve para casa*, uma abordagem que produz insights e resultados surpreendentes.

• Mais importante: priorize obter insights fundamentais, não superficiais, sobre todos os aspectos relevantes do seu negócio.

3.2.2. Chave 2: Agilidade em todos os lugares

Fazer as coisas em alta velocidade, essa é a melhor defesa contra o futuro.
— Jeff Bezos

O conceito de "ágil" não é novo. Desde a década de 1960, pesquisadores e profissionais conduzem estudos, obtêm insights e desenvolvem metodologias para entender e aproveitar melhor o potencial da criatividade humana e dos métodos de aprimoramento da criatividade.

A década de 1980 deu origem ao design centrado no ser humano e à gestão de negócios centrada no design, colocando as pessoas na frente e no centro da iniciativa de uma empresa. Em 1990, foi fundada a IDEO, pioneira consultoria de design que popularizou as ideias condensadas pelo *design thinking*. Em 2001, um grupo de desenvolvedores de software e gerentes de produtos publicou o manifesto de Desenvolvimento Ágil de Software, codificando, pela primeira vez, o processo de desenvolvimento ágil — e introduzindo o conceito de "produto mínimo viável" (MVP) (Beck et al., 2001).

Eric Ries, que dez anos depois publicou o guia *A startup enxuta*, definiu um MVP como "aquela versão de um novo produto que permite que uma equipe colete a quantidade máxima de aprendizado validado sobre os clientes com o mínimo esforço" (2011). Desde então, "ágil" passou do cânone das palavras da moda para uma prática de negócios bem estabelecida.

Até aqui, as abordagens ágeis existem há décadas e tiveram muito tempo para amadurecer. Simplificando: sabemos como fazer. No entanto, ainda parece que não fazemos isso na empresa como um todo.

Além de definirem o espaço do problema e as possíveis soluções desde o início refletindo sobre a primeira causa, nossos entrevistados mencionaram consistentemente a importância da chave dois: ágil em todos os lugares — especificamente, o uso extensivo de processos ágeis em sua empresa.

Quando falamos de "ágil", não nos referimos às formas específicas de processos de desenvolvimento ágeis comuns ao desenvolvimento de software, como o *scrum*, mas sim a uma aplicação mais ampla de metodologias ágeis aos seus processos de negócios. Tomemos, por exemplo, a maneira como a maioria das empresas promove suas ações de marketing: em vez de iterações rápidas, executando repetidos testes simples e baratos e incorporando os resultados em versões consecutivas de uma campanha de marketing, ainda gastamos milhões de dólares em agências de marketing, acreditando que o gênio do mercado da famosa Madison Avenue de Nova York está vivo e ativo.

A agilidade tem suas raízes na teoria da complexidade; uma abordagem ágil reconhece a complexidade e a incapacidade de comunicar todos os requisitos de forma clara e abrangente.

No décimo quinto relatório *State of Agile* (digital.ai, 2022), os profissionais de metodologias ágeis confirmaram os benefícios comerciais da aplicação de métodos ágeis: melhor gerenciamento de mudanças de prioridades, maior visibilidade do status de um projeto, melhor alinhamento, menor tempo de lançamento no mercado e maior produtividade. Não é preciso dizer que esses são fatores altamente desejáveis a qualquer empresa no ambiente de negócios atual de crescente incerteza e complexidade.

A abordagem ágil pode ser melhor resumida como "a capacidade de criar mudanças e reagir a elas. É uma maneira de lidar e, em última análise, ter sucesso num ambiente incerto e turbulento" (Agile Alliance, 2022). Chris Yeh descreveu a abordagem nas conversas que tivemos como "a busca pelo crescimento rápido, priorizando a velocidade em detrimento da eficiência num ambiente de incerteza". Ou como a Agile Alliance aponta: "Trata-se na verdade de pensar em como você pode entender o que está acontecendo no ambiente em que está hoje, identificar a incerteza que está enfrentando e descobrir como pode se adaptar à medida que vai em frente". Quem não desejaria isso para a sua empresa?

Chris Clearfield, autor do livro best-seller *Meltdown: What Plane Crashes, Oil Spills and Dumb Business Decisions Can Teach Us About How to Succeed at Work and at Home*, é um especialista em lidar — com êxito — com ambientes complexos e por vezes turbulentos. Depois de uma carreira no altamente acelerado mercado de ações, ele agora aconselha empresas e seus líderes sobre como se preparar para vencer nessas condições. Entre telefonemas com clientes, às pressas a caminho do aeroporto, conversamos por meio de uma entrecortada videochamada. Falando apressado, mas num tom gentil, ele destilou a essência da agilidade: "Todo mundo quer ser ágil; a questão, num nível mais profundo, é até que ponto a agilidade promove uma mudança fundamental na maneira como as pessoas operam, falam, discutem erros e problemas e, finalmente, trabalham juntas".

Nesse contexto, seria interessante voltar à primeira causa (você percebe o que fizemos lá?) e considerar o que realmente é a agilidade:

- Indivíduos e interações versus processos e ferramentas.
- Produtos funcionais versus documentação abrangente.
- Colaboração com o cliente versus negociação de contratos.
- Reagir à mudança versus obedecer a um plano.

Uma abordagem ágil consiste num conjunto de conceitos centrais, conforme apontado pela Agile Foundation: indivíduos e histórias de usuários especificam quais são os nossos clientes e resumem os trabalhos que precisam ser feitos; o desenvolvimento incremental e iterativo permite iterações rápidas e aprendizado acumulado ao longo do processo; e pequenas equipes, fazendo reuniões diárias em pé e avaliando marcos que foram atingidos, permitem uma melhor comunicação e um aprendizado adicional.

Joe Justice, líder de renome mundial em processos ágeis e ex-executivo de práticas ágeis da Tesla, Amazon e Fundação Bill & Melinda Gates, sabe uma ou outra coisa sobre como dar vida a esses princípios.

"O que importa é o ritmo da inovação" (Lex Clips, 2021). Essas foram as palavras que o chefe da Tesla, Elon Musk, martelou na cabeça de Justice quando ele se juntou à empresa para liderar processos de produção ágeis. Justice começou com uma lição que aprendeu com o magnata do software Bill Gates (outro líder fanático e intenso, assim como Musk e Bezos), na época que trabalhou para a fundação de Gates.

Ele dividiu o trabalho necessário para fabricar um carro em tantas fatias de execução paralelas quanto possível. Essa primeira etapa aumentou a velocidade da Tesla ao fazer com que várias equipes trabalhassem lado a lado, em vez do modo sequencial tradicional. As equipes são compostas por não mais do que seis pessoas, o suficiente para mantê-las rápidas e ágeis (no capítulo seguinte, sobre o núcleo e a borda, vamos nos aprofundar nos benefícios dessas pequenas equipes). Ao reduzir de forma agressiva e implacável o custo da mudança e incorporar ciclos de feedback rápidos, a empresa conseguiu reduzir de meses ou anos para três horas o tempo necessário para aprimorar um projeto (Justice, 2022). A abordagem da Tesla para fabricar um veículo está anos-luz à frente dos seus concorrentes; o preço das suas ações lhe faz justiça.

As empresas mais bem-sucedidas que encontramos — aquelas que gerenciam um cenário dinâmico e em constante mudança, repleto de rápidas mudanças de estado — são, em geral, as que implementam com sucesso esses princípios fundamentais em todos os setores. De gigantes da tecnologia como Amazon e Google, passando por empresas grandes e diversificadas como o Grupo BRECA, no Peru, até empresas lideradas por fundadores como a Axon, e outras de propriedade familiar como a Beiersdorf — aplicando uma abordagem ágil aos seus respectivos negócios, elas se tornam e se mantêm grandes potências dignas de consideração. A respectiva implementação pode ser diferente de empresa para empresa e, dentro de uma mesma empresa, de equipe para equipe, mas todos encontraram maneiras de se concentrar nos indivíduos e em suas interações, lançar produtos funcionais para seus clientes com antecedência e iterar com frequência.

Citando o conselho que lhe deu Herminia Ibarra, a professora de comportamento organizacional da London Business School, Hannah Tucker compara a abordagem ágil a "escolher uma roupa em seu guarda-roupa: você experimenta algo, usa, vê como ficou e como se sente — e se não der certo, você tenta algo diferente no dia seguinte. Muitas vezes podemos ficar sobrecarregados com o que está acontecendo e pensar que precisamos fazer algo gigantesco, enquanto começar aos poucos e ir construindo a partir disso é, na verdade, a maneira de seguir em frente".

A agilidade permite que uma empresa supere sua barreira mais difícil para progredir no processo: quando confrontada com questões desafiadoras em torno das disrupções, as pessoas se recolhem ao que é familiar. Eles argumentam que a disrupção pode esperar até amanhã, pois têm incêndios para apagar hoje que exigem atenção já. E, claro, esse "já" nunca vai embora. Maurice Conti é taxativo: "Essa é uma das principais modalidades de fracasso para iniciativas de inovação".

Sempre haverá um incêndio para apagar, um problema para resolver ou uma questão surgindo. À medida que uma empresa é disrompida, esses incêndios e problemas só se multiplicam — resultando em pessoas trabalhando cada vez mais para tentar fazer o modelo atual de operação funcionar. De muitas maneiras, é loucura; como diz a famosa citação, que tanto costuma ser atribuída, equivocadamente, a Albert Einstein: "Loucura é fazer a mesma coisa repetidas vezes e esperar resultados diferentes". As abordagens ágeis quebram esse padrão, concentram a atenção nos trabalhos que precisam ser feitos para o cliente e fatiam as tarefas em etapas pequenas e iterativas com feedback e ciclos de aprendizagem integrados.

Você se lembra da empresa de clipes de papel de Rosini? As empresas de clipes de papel adoram fazer clipes de papel. Elas são boas em fazer clipes de papel. E fazer clipes de papel encaixa-se perfeitamente num plano quinquenal detalhado e cuidadosamente elaborado. Mas mesmo o mercado de clipes de papel se transforma, e as pessoas nem usam mais tanto papel, já que agora tudo está em seus smartphones e laptops. De repente, nossa empresa de clipes de papel se vê em apuros — e em vez de tentar descobrir como se adaptar ao novo mundo rapidamente, os executivos da empresa de clipes de papel se concentram em cortar custos, desenvolver novas versões mais brilhantes de clipes de papel, fazendo de tudo para manter o *status quo* intacto. Sabemos muito bem como essa história termina. E não, não vai ser um final feliz como num filme da Disney. A melhor abordagem teria sido abraçar a agilidade, executar inúmeros pequenos experimentos, aprender com eles e, assim, avançar em direção ao futuro.

Em seu post no blog *Software é processo*, Austin Vernon resume isso: "Os métodos ágeis são uma razão pela qual os desafiantes orientados por software podem suplantar até mesmo os mais competentes e bem estabelecidos adversários. A digitalização de um processo exige que os desafiantes conheçam um negócio com mais detalhes do que os operadores históricos, e os desafiantes usam sistemas que prosperam com pouco conhecimento inicial" (2021).

Cecilia Tham, cofundadora do *think-tank* Futurity Systems, resume a abordagem geral de forma sucinta: "Nunca é uma linha reta. Nunca é linear. E a cada primeiro passo que você der, aprenderá algo novo, e precisará reinventar a empresa, recalcular e recalibrar. Num mundo dinâmico e em rápida mudança, é preciso se concentrar na velocidade. As pessoas estão ávidas pela possibilidade de operar de forma dinâmica — e, francamente, é bem mais divertido. E ser capaz de fazer isso num formato ágil é o único caminho possível".

Voltando ao nosso exemplo de marketing anterior, muito pode ser aprendido com o que a gigante do comércio eletrônico eBay fez há mais de vinte anos. Em vez de executar campanhas grandes e centralizadas (e caras), a equipe de marketing do eBay aperfeiçoou a arte de criar milhares de pequenas campanhas on-line, cada uma com uma mensagem ligeiramente diferente. Essas campanhas foram lançadas custando algumas centenas de dólares e contrapostas umas às outras. No estilo de uma competição eliminatória, as campanhas que tiveram melhor desempenho receberam mais recursos — até serem, elas mesmas, eliminadas por outras de melhor desempenho. A pergunta constante que a equipe se fazia era: como podemos testar nossa hipótese com o menor número de recursos no intervalo mais curto?

Deixe-me terminar este capítulo sobre agilidade com um alerta: em alguns momentos, será preciso você desacelerar e não se apressar, mas contemplar. "Se você aplicar agilidade a absolutamente tudo como resolução de problemas ou considerar qual é a verdadeira pergunta a ser feita, você realmente se prestará um desserviço", reflete George Constantinescu. "Algumas coisas exigem que você se debruce sobre elas; elas simplesmente levam tempo. Você precisa ser criterioso em relação a como emprega seu tempo com coisas que proporcionem mais benefícios — como Einstein também teria dito: 'Se eu tivesse uma hora para resolver um problema, gastaria cinquenta e cinco minutos pensando no problema e cinco minutos pensando em soluções'". Seja ágil com esses cinco minutos (como você dispõe só deles, não há tempo a perder).

E acima de tudo: resista ao desejo de se atirar rapidamente sobre uma solução.

Resumindo

Para implementar princípios ágeis em toda a empresa, considere os seguintes pontos:

- Não reduza os termos "agilidade/ágil" apenas aos princípios e abordagem do Desenvolvimento Ágil de Software ou a uma metodologia específica, como o *scrum*.
- Pondere como você pode tornar-se mais ágil em toda a empresa. Os fundamentos dos princípios ágeis podem ser implantados em (quase) todas as funções e têm potencial de render enormes benefícios: (1) Paralelização de seus fluxos de trabalho. (2) Equipes pequenas e ágeis (idealmente compostas por até seis pessoas). (3) Alinhamento de metas em todas as equipes. (4) Redução incessante do custo de alterações. (5) Círculos de feedback robustos e rápidos.
- Evite retroceder ao que lhe é familiar e comece com passos pequenos e calculados.
- Em meio ao furacão, não se esqueça de "desacelerar para ir rápido".

3.2.3. Chave 3: núcleo e borda

Ser ou não ser, eis a questão.

— William Shakespeare, Hamlet

Novo e antigo, manutenção e inovação, fluxo de caixa e investimento no futuro — as empresas geralmente têm um núcleo e uma borda.

A empresa de consultoria global McKinsey ofereceu ao mundo uma maneira de pensar sobre o investimento de uma empresa além dos três horizontes temporais distintos (ver capítulo "Falhas"), que vão do aqui e agora ao universo bem mais longínquo da pesquisa e desenvolvimento (2009). De um modo mais geral, as empresas têm um núcleo (onde a grande maioria das suas atividades acontece) e uma borda. O autor e consultor John Hagel III conceitua a borda afirmando que "de um modo geral, as bordas são áreas periféricas com alto potencial de crescimento". Ele descreve ainda as bordas no contexto empresarial como "iniciativas de negócios em estágio inicial com alto potencial de crescimento, sejam novas iniciativas orientadas para o mercado ou novas práticas de trabalho" (Hagel et al., 2009).

Outro aspecto útil a considerar é que o núcleo normalmente representa um risco baixo ou pelo menos significativamente menor. Em contraste, a borda é de alto risco, pois você pode dispor de uma grande quantidade de dados acumulados e experiência na sua operação principal, mas, por definição, nada disso existe na borda. O núcleo tem alta visibilidade; a borda é um nevoeiro denso que você deve atravessar. Você aproveita ao máximo seu dinheiro e gera fluxo de caixa para o exercício fiscal atual no núcleo (e tem a grande maioria de seus recursos vinculados a ele) e perde dinheiro na borda.

Maurice Conti, em nossa discussão, leva essa distinção para P&D — que, em sua linguagem, não significa "Pesquisa e Desenvolvimento", mas "Perigo e Determinismo": "O núcleo deve ter uma orientação determinista. Tudo é planejado e depois executado de acordo com o plano. Não vacile ou você correrá grandes riscos no núcleo. A borda tem tudo a ver com o risco. Monte uma equipe que saiba assumir riscos eficazes e se sinta confortável com isso. Se a iniciativa de ação de risco falhar, literalmente nada acontece com o lado determinista do negócio. Ninguém nem percebe. Mas se a assunção de riscos for um sucesso, você poderá reinventar o negócio, que passará a valer bilhões e garantirá a sobrevivência a longo prazo da empresa".

As empresas precisam manter atividades e investimentos em ambas as partes. Conceitualmente, isso é distinto como noite e dia — infelizmente, quase todas as empresas que conhecemos têm problemas com isso em suas operações. Sem um núcleo saudável, a empresa simplesmente deixa de existir e, sem investimentos inteligentes na borda (tanto de capital quanto operacionais), a empresa não tem futuro.

Compare isso com a configuração de uma startup: as empresas iniciantes são pequenas e ágeis. Como tais, carecem de uma vantagem de recursos sobre as empresas estabelecidas; sua principal vantagem é sua capacidade de se mover rapidamente. Em segundo lugar, elas estão fortemente concentradas em construir um novo negócio sem a necessidade de defender um já existente; as startups estão todas empenhadas em fazer com que o novo negócio aconteça e funcione. E, por último, a pessoa responsável pela empresa, normalmente o fundador, tem controle total sobre todos os elementos da experiência ao longo de todos os passos da jornada. Esses três fatores tornam as startups notáveis oponentes das empresas estabelecidas — embora sejam muito menores e operem com significativamente menos recursos.

Andy Billings nos lembra que, neste contexto, inovação, disrupção e transformação estão intimamente ligadas à criatividade: "Todos nós precisamos ser inovadores, e isso sempre é provocado pela criatividade. Mas como transformar a criatividade em lucratividade? Como manter a paixão, o entusiasmo e a criatividade vivos e ainda ter ganhos previsíveis?". Com a missão de operar na interseção entre criatividade e lucratividade, Billings inicia a jornada com uma definição simples: criatividade é pegar o capital e transformá-lo em ideias; lucratividade é pegar ideias e transformá-las em capital. Para ter sucesso, você precisa de ambos, mas não pode inovar sem criatividade.

A dicotomia entre o aqui e agora, de um lado, e o que vem a seguir, do outro, se manifesta profundamente nos fundamentos de como uma empresa é administrada. O núcleo de qualquer empresa, especialmente se já estiver bem estabelecida no mercado, possui sistemas e processos sólidos para garantir que seja gerida da maneira mais eficaz, eficiente e otimizada possível. Todas as métricas e indicadores-chave de desempenho (ICDs) são ajustados com precisão para operar num espaço exíguo, maximizando a uniformidade em sua produção e minimizando a variação.

Décadas de teoria, pensamento e prática de gestão garantiram que as empresas fossem boas, senão ótimas, nesse aspecto. Mercados eficientes colocaram mais pressão sobre os agentes do mercado que ou navegam ou naufragam — e, enquanto estão no jogo, se especializam em navegar. O núcleo de uma empresa pode ser comparado a um porta-aviões, para ficarmos na metáfora náutica. Uma vez colocado em movimento, parar é difícil e desviar rapidamente é impossível.

Compare isso com iniciativas da borda, normalmente de natureza especulativa, que oferecem um potencial exponencial de crescimento e com ele a mesma margem de risco de um fracasso. Por sua própria definição, essas iniciativas não estão num estágio em que são eficazes, eficientes ou otimizadas para dar resultados financeiros; em contrapartida, as iniciativas da borda são projetadas para aumentar o aprendizado e os insights de uma empresa sobre novos mercados, produtos, serviços, segmentos de clientes ou tecnologias. Em vez de serem um porta-aviões gigante, elas se assemelham a uma lancha: ágil, rápida e altamente manobrável, mas também muito limitada em suas capacidades.

Imagine uma montadora de automóveis tradicional diante o "carro conectado" — o futuro veículo às vezes descrito como "um iPhone sobre rodas". Os líderes dessa empresa devem gerenciar dois negócios fundamentalmente diferentes ao mesmo tempo. Eles precisam ser capazes de entrar numa reunião, analisar o conjunto mais recente de ICDs e pressionar a empresa a extrair quaisquer possíveis ganhos de eficiência de seus processos existentes de fabricação de veículos e, em seguida, atravessar o corredor para entrar numa reunião com a equipe de carros conectados, esquecer todos os avanços mencionados na reunião anterior e perguntar: "O que aprendemos hoje?". Pode parecer fácil, mas fazer isso na prática é extremamente difícil.

E isso tudo não se limita apenas aos ICDs, mas está entranhado na estrutura de uma empresa. Rick Smith lembra quando sua empresa incluiu um negócio de software como serviço às vendas de hardware existentes e, portanto, precisou incorporar vendedores de software para trabalhar ao lado dos vendedores tradicionais da empresa. "Nossos tradicionais representantes de vendas estavam gerando US$ 10–15 milhões por ano; nessa linha de negócios, isso significava um salário de US$ 150 mil por ano. Agora tínhamos que trazer talentos diferentes, pessoas que soubessem vender software. E essas pessoas vêm de diferentes origens e têm expectativas muito diferentes em relação à remuneração; de repente, estamos falando de US$ 300 mil por ano. E como este é um novo negócio, inicialmente nossas vendas eram inexistentes. Bem, as pessoas trazem o assunto à tona, e então os mais antigos olham para mim e perguntam: 'O que diabos está acontecendo? Por que estamos agindo assim?'. Passamos por uma verdadeira guerra civil. Foi super doloroso; os conflitos internos eram até mais difíceis do que a batalha pelos clientes. Mas você tem que se manter firme e gerir ambos os lados do negócio de forma adequada às suas necessidades e especificidades."

Lisa Kay Solomon, da d.school de Stanford, compara essa habilidade — incrivelmente difícil de aprender e preservar — à capacidade de ser ambidestro. A ambidestria, a capacidade de usar as mãos direita e esquerda com igual aptidão, é uma metáfora adequada para o que é exigido do líder do futuro: a capacidade de gerenciar o núcleo e a borda de uma empresa ao mesmo tempo. O conceito surgiu pela primeira vez em meados da década de 1990, quando Michael Tushman, juntamente com Charles O'Reilly, publicou um artigo definindo a ambidestria organizacional como "a capacidade de buscar simultaneamente inovação incremental e descontínua a partir da hospedagem de múltiplas estruturas, processos e culturas contraditórias dentro da mesma empresa" (1996).

Andy Billings mescla com sucesso esses dois lados, passando tempo com os criativos da empresa e explicando a eles a necessidade de gerar lucros para manter acesos os faróis (e continuar financiando seus esforços criativos). Não surpreendentemente, Billings descobriu que mesmo as pessoas mais criativas de sua equipe sabiam como equilibrar seus orçamentos em casa com financiamentos imobiliários para pagar e poupança guardada para a educação dos filhos. No entanto, nos primeiros dias desse esforço, Billings se viu conversando com um grupo de criativos sobre gastar milhares e milhares de dólares em gráficos que só eram usados no pano de fundo dos jogos; eles não melhoravam a experiência de jogo. Uma vez que os desenvolvedores começaram a considerar o impacto de suas decisões na viabilidade financeira do jogo que estavam criando, os mesmos artistas vieram até Billings e disseram: "Não vamos mais fazer isso. Preferimos gastar o dinheiro em personagens do jogo, elementos que têm um impacto direto e mensurável na satisfação dos nossos jogadores".

A questão então passa a ser: como traduzir o que a Billings conseguiu fazer, num nível individual e coletivo, para toda a empresa? E como você gerencia a tensão muitas vezes inevitável que emerge do conflito entre o núcleo e a borda?

Gerindo a tensão

De "núcleo e borda completamente separados" a "núcleo e borda profundamente integrados" — muita tinta já foi gasta com conselhos, às vezes um tanto dogmáticos, sobre como lidar com os desafios que emergem na administração, e na boa administração, do núcleo e da borda.

Em grande parte de seu trabalho, John Hagel III aponta que a única maneira de lidar com a tensão entre as duas partes de uma empresa é a separação estrita de ambos os lados. Combinada com uma restrição deliberada de recursos da borda ("privação da borda") para garantir que as equipes que lá operam permaneçam famintas, a borda se desenvolve, em boa parte, independentemente do núcleo — e, se o esforço for bem-sucedido, enfim cresce e se torna o novo núcleo. Figurativamente, os jovens devorarão os velhos.

Compare isso com o conselho dado por Chris Yeh, que sugere que as empresas criam uma membrana permeável entre o núcleo e a borda, colocando líderes que podem ocupar ambos os hemisférios — em outras palavras, que são ambidestros — na interseção entre o núcleo e a borda. As empresas que não o fazem regularmente provocam respostas do sistema autoimune (consulte nosso capítulo sobre os quatro cavaleiros).

Michael Arena, autor de *Adaptive Space: How GM and Other Companies are Positively Disrupting Themselves and Transforming into Agile Organizations*, relembra o momento em que a montadora GM adquiriu a startup de direção autônoma Cruise (2018). Para superar a resposta autoimune da empresa, bem como uma dose saudável da síndrome do "não foi inventado aqui" (muita gente na GM, líder no âmbito da fabricação de automóveis, acreditava que ela própria poderia desenvolver sua tecnologia de veículos autônomos sem a necessidade de uma aquisição), a CEO Mary Barra surpreendentemente encarregou o engenheiro-chefe da GM de administrar o negócio recém-adquirido.

Afastar-se da gestão e da responsabilidade de 25 mil pessoas para administrar uma unidade de negócios nascente de 300 pessoas no coração do Vale do Silício, longe das sedes da GM, pode parecer estranho. Na visão de Barra, não era apenas o certo, mas também a única coisa a fazer; a Cruise representa o futuro da empresa e você pode encontrar outra pessoa para administrar as estruturas estabelecidas e bem azeitadas que compõem o negócio atual. Para que o núcleo não rejeitasse a borda, Barra precisava de alguém a quem as pessoas dentro da empresa estivessem dispostas a ouvir, em quem respeitassem e confiassem, para liderar a empresa rumo ao futuro. Esse espaço sobreposto entre o núcleo e a borda é o que Arena apelidou de espaço adaptativo.

Por fim, você encontrará líderes teóricos advogando a inserção completa do núcleo e da borda sob o guarda-chuva organizacional, argumentando que a inovação é uma tarefa de todos. Os recursos precisam ser compartilhados extensivamente para alavancar economias de escala e escopo, tanto para as iniciativas centrais tradicionais quanto para as emergentes.

Não acreditamos em dogmas ou num mundo nitidamente separado em preto e branco. E embora não questionemos a lógica ou o sucesso das três abordagens (nem de eventuais variações delas), vimos com os clientes numa escala global que a implementação deve ser impulsionada principalmente por quem você é (como empresa), sua cultura, o mercado em que atua, como a inovação acontece dentro do seu mercado e onde você está em relação às mudanças de estado emergentes.

Dito isto, no nosso trabalho e ao longo das extensas entrevistas que fizemos, identificamos três elementos essenciais para configurar com sucesso as suas principais unidades de negócios, independentemente da sua estrutura organizacional. Em vez de fornecer soluções dogmáticas, formulamos esses elementos como perguntas a serem feitas à sua empresa em vez de respostas a serem obedecidas cegamente. Qualquer estrutura ou solução específica deve ser uma expressão do respectivo insight de cada elemento, combinado com a sua cultura empresarial.

Tudo começa, como sempre, com o seu pessoal.

Caçadores, não agricultores

Quando foi a última vez que alguém viu uma empresa lançar uma nova iniciativa bilionária e recompensar a equipe por trás dela com um bônus de 25 milhões de dólares? Quase nunca acontece; em vez disso, presenteamos a equipe com um relógio de ouro. Um dos elementos mais básicos para qualquer empresa — se quiser ter sucesso em suas iniciativas da borda — é descobrir a resposta à questão de como a tomada de riscos é recompensada ali.

MANUTENÇÃO **INOVAÇÃO** **DISRUPÇÃO**

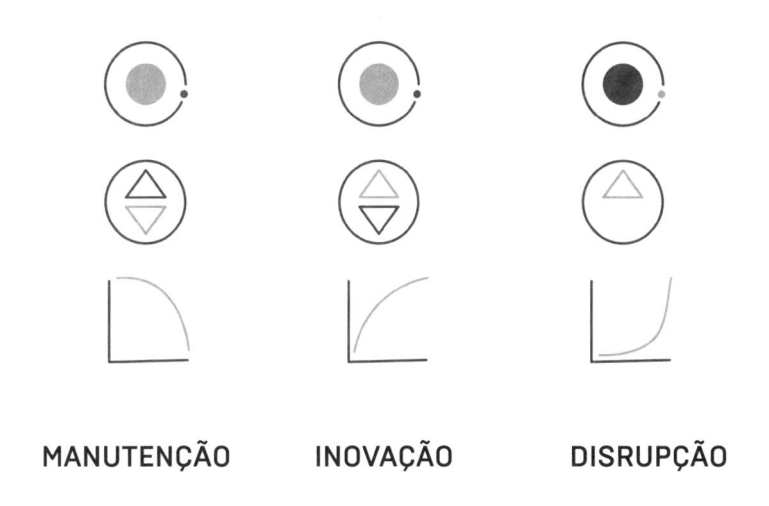

Figura 6 – Três esferas de negócios

Examinando a inovação na perspectiva global da empresa, é possível diferenciar três esferas distintas. O núcleo de uma empresa se envolve em iniciativas de inovação — a noção de "manter a inovação" de Clayton Christensen (2022). Gostamos de diferenciar ainda mais as atividades principais observando o potencial de mercado de longo prazo: nos mercados que mostram um declínio (e eventual desaparecimento) em longo prazo, as empresas normalmente jogam na defesa. Você inova para sustentar sua participação de mercado atual, extrair o máximo da eficiência operacional e, com frequência, apresenta um fluxo de caixa bastante estável e previsível. Com efeito, nos referimos a essa posição como "manutenção do núcleo".

Enquanto isso, dentro do núcleo, você frequentemente encontra novas oportunidades que apresentam potencial de crescimento — extensões de linhas, novos segmentos de clientes, novas modalidades de uso, *upselling* e *cross-selling*. As empresas atuam de forma ofensiva nesses mercados, impulsionadas por suas principais atividades e recursos. Geralmente nos referimos a isso como "inovação a partir do núcleo".

Por último, à medida que detecta mudanças de estado, você implanta iniciativas da borda destinadas a jogar na ofensiva num mercado em crescimento exponencial. Nessas iniciativas, a "disrupção" acontece.

Seguindo a famosa visão do fundador da Southwest Airlines, Herb Kelleher, de que "os negócios são pessoas — ontem, hoje e sempre" (HSMAmericas, 2008), a questão passa a ser: quem são as pessoas que operam melhor em cada uma dessas esferas? Você tem as pessoas certas e elas estão no lugar certo para ter sucesso?

Para ilustrar o ponto, vamos mapear a pessoa prototípica em cada esfera para um dos três arquétipos: agricultores, coletores e caçadores.

Os agricultores mantêm o núcleo

Os agricultores cuidam com zelo das plantações. Eles passam os dias cuidando das mudas, garantindo que as lavouras tenham todos os seus nutrientes e água, cuidando do solo e evitando que os insetos prejudiquem a colheita. Sua principal preocupação é garantir que a safra seja boa e retirar até a última gota de nutriente da terra que cultivam. Depois de um longo e árduo dia, os agricultores bebem limonada gelada e admiram o sol se pôr da varanda. Quando chega a hora de dormir, eles fecham as persianas, se aconchegam em sua cama confortável e sonham com o clima ideal, sem pragas e com uma safra robusta.

Os coletores inovam a partir do núcleo

Os coletores preferem a vida ao ar livre. Eles se levantam com os primeiros raios do sol, pegam a mochila e pulam a cerca da propriedade. A missão do coletor é encontrar frutas e mel, então ele percorre os prados circundantes, escala árvores, sacode maçãs maduras dos galhos, colhe cerejas e se aproxima cuidadosamente da colmeia, em busca de mel. Os coletores adoram estar na natureza, encontrar coisas novas e interessantes para comer e, quando a noite cai, preferem contar sobre as descobertas que fizeram ao redor da fogueira no pátio de casa. Por mais que os coletores gostem de estar do lado de fora, eles fazem de tudo para voltar antes do sol se pôr; eles sabem muito bem que é quando os animais selvagens aparecem. E o conforto da cama onde dormem é, sem dúvida, algo que tem seu valor.

Os caçadores são disruptores que operam na borda

Por fim, você tem os loucos, os desajustados, os rebeldes — os caçadores. Os caçadores adoram a emoção da caçada. Os caçadores são profundamente curiosos e motivados por uma busca de adrenalina, aventura e vida selvagem, aliada a uma tolerância anormalmente alta ao desconforto e ao sofrimento, por isso preferem dormir sob as estrelas do que numa caminha confortável. Na caçada ao mamute-lanoso, eles arriscam suas vidas repetidas vezes até serem bem-sucedidos — ou morrerem tentando. Igualmente impulsionados pela própria experiência, pelo conhecimento que vão adquirir, caso sejam bem-sucedidos (a fazenda tem proteína suficiente para um inverno inteiro), e pelo desejo de serem celebrados como heróis ao retornarem, os caçadores aceitam o alto risco pela igualmente alta recompensa.

Construir a fazenda

Com esses três arquétipos, a questão é: você tem caçadores (suficientes) na sua empresa? E se você fizer isso, eles estão alocados na borda, onde pertencem? Como você os compensa, sabendo que os caçadores gostam de assumir riscos extremos, mas também esperam uma compensação polpuda? Como você reúne todos os três tipos para formar uma tribo bem unida e bem-sucedida, na qual eles possam trabalhar uns com os outros e não cada um por si? E você pode ter agricultores ou coletores trabalhando como caçadores?

O que descobrimos ao longo dos anos é um padrão que se repete: mesmo que você tenha caçadores em sua empresa, os tenha identificado e alocado na borda (onde eles pertencem e querem estar), quase nenhum sistema de recompensa está configurado para fazer frente aos riscos que um caçador assume. Quando foi a última vez que você recompensou um executivo e sua equipe por estabelecerem um novo negócio, unidade de negócios ou produto/serviço com um valor correspondente ao retorno do referido projeto para a empresa? Em termos simples, quando foi a última vez que você deu a alguém um bônus de US$ 10 milhões em troca do surgimento de um negócio de US$ 100 milhões? As empresas não tendem a fazer isso por uma série de (boas) razões. Em vez disso, damos ao nosso caçador o proverbial relógio de ouro e os vemos debandar para pastagens mais verdes.

Levas e levas de caçadores trocam as empresas estabelecidas pelas startups por diversos motivos; um dos principais é a falta de alinhamento entre risco e recompensa. Lembre-se: os caçadores arriscam suas vidas (no mundo de hoje, felizmente, é mais provável que arrisquem suas carreiras) para fazer o que parece impossível; eles (com razão) esperam ser recompensados generosamente se, contra todas as probabilidades, tiverem sucesso. Combine isso com a tendência ainda predominante de recompensar e promover pessoas nas empresas por obediência, conformidade e status, e você verá porque é tão avassaladoramente difícil para essas empresas mais consolidadas contratar, promover e reter caçadores.

Tom Chi, membro fundador do Google X, compara o desafio de criar e executar um projeto da borda a lançar um dado: sabemos que qualquer iniciativa da borda tem uma chance relativamente baixa de sucesso. Reid Hoffman, fundador do LinkedIn e investidor de capital de risco na Greylock, explica isso de maneira bem franca: "O resultado comum é provavelmente o fracasso ou a morte" (2020). Compare isso com o contexto de empresas maiores, dedicadas a reduzir a possibilidade de riscos, e você poderá identificar a falta de alinhamento. Agora, suponha que você pegue um dos profissionais de alto desempenho dentro de sua empresa, dê a ele um dado de seis lados, deixe-o lançar e lhe diga que, se o resultado for um seis, a iniciativa será bem-sucedida e ele será promovido. Diante de qualquer outro resultado a iniciativa será um fracasso, sua carreira será interrompida e ele será demitido. Quantas pessoas que você conhece estariam dispostas a jogar esse jogo? A triste verdade é que esse é justamente o negócio que tendemos a oferecer aos caçadores dentro de nossas empresas. A boa notícia é que você tem duas maneiras de fazer isso funcionar: uma, aumentar a recompensa, e duas, capacitar o jogador de alto desempenho a jogar os dados mais de uma vez (implantando a chave dois — ágil em todos os lugares), o que aumentará significativamente suas chances de sucesso.

Um problema relacionado surge quando você implanta coletores — ou pior ainda, agricultores — em posições normalmente ocupadas por caçadores. Isso geralmente é resultado da maneira bem-intencionada como as promoções acontecem dentro das empresas: recompensamos legitimamente o alto desempenho, promovemos nosso pessoal e oferecemos novos desafios para que possam evoluir. Neste caminho bem trilhado, é fácil esquecer que a maioria das pessoas tem pelo risco um apetite bem definido — não confundir com o magnífico trabalho de Carol Dweck sobre a mentalidade fixa versus crescimento (2007).

Sabemos pela abordagem que as pessoas adotam em relação às suas finanças pessoais que um indivíduo tem uma certa tolerância ao risco. Desde aquelas que investem a maior parte de seu dinheiro em poupanças de baixo rendimento, passando pelas que se arriscam no mercado de ações e chegando aquelas que recorrem a posições alavancadas para comprar no mercado futuro, as instituições financeiras há muito entendem que seus clientes são diferentes quando se trata da tolerância que têm ao risco.

O mesmo vale para o apetite de um indivíduo por assumir riscos no emprego que tem e na função que exerce. Promover um agricultor de alto desempenho que deixou sua marca no núcleo de uma empresa para uma posição de caçador na borda é uma receita bem conhecida de desastre: não só é altamente provável que o agricultor não desempenhe sua nova função a contento, mas também que fique estressado e desconfortável operando num ambiente de risco muito fora de sua zona de conforto.

Baseando-nos no que Jim Collins escreveu em seu best--seller *Good to Great: Why Some Companies Make the Leap… and Others Don't* (2001), é importante "colocar as pessoas certas no ônibus" — mas também certificar-se de colocá-las nos assentos certos e criar as estruturas de recompensa apropriadas para elas.

É preciso fazer uma advertência: nem todos na sua empresa estarão a bordo, independentemente de serem agricultores, coletores ou caçadores. Como diz David Bray, diretor da LeadDoAdapt Ventures, a partir de sua experiência em empresas do setor privado e organizações governamentais de grande porte, "sempre há retardatários — 15% das pessoas eu não quero e não posso incluir, pois não nos acompanharão nessa jornada".

Aceite o fato de ter caçadores por perto. Parecem crianças, são pessoas que podem dar um certo trabalho, mas é muito divertido conviver com elas. E elas vão tornar a sua empresa melhor.

Equipes pequenas geram novos problemas a serem resolvidos

Grandes equipes resolvem problemas e pequenas equipes geram novos problemas para serem resolvidos. Dashun Wang, professor associado de gestão empresarial da Kellogg School of Management, e seus colegas analisaram mais de sessenta e cinco milhões de artigos científicos, patentes e produtos de software criados entre 1954 e 2014 para estudar as implicações do tamanho da equipe na produtividade (Brett & Wang, 2020). Wang usou uma conhecida medida de disrupção para avaliar o quanto um determinado trabalho disrompe seu campo, criando novas direções de investigação versus a construção de ideias e projetos existentes para resolver os problemas existentes. Suas descobertas estão resumidas na epígrafe deste parágrafo, que tem implicações importantes sobre como os projetos da borda devem ser configurados.

"Deixe a borda faminta." Este é John Hagel III resumindo a abordagem em seu relatório sobre "Liberar a motivação para a transformação" (2022). Hagel continua apontando que "nosso instinto natural é investir o máximo de dinheiro possível em iniciativas de ponta promissoras para garantir seu sucesso. É uma tentação a que devemos resistir, pois quanto mais dinheiro uma empresa desvia para iniciativas de ponta, antes que qualquer impacto tangível tenha retorno, tanto mais vulneráveis esses projetos serão à resposta do sistema imunológico para recuperar esse dinheiro".

Não é apenas a resposta do sistema imunológico que torna as pequenas equipes superiores no contexto das iniciativas da borda. "Vias de comunicação" é uma maneira sofisticada de descrever o número de conexões entre os membros das equipes. Três pessoas correspondem a três vias. Adicione uma pessoa à equipe e o total de vias aumenta para seis. Para uma equipe de seis pessoas estar totalmente sincronizada, serão quinze conexões, ainda gerenciáveis, mas já com alguma sobrecarga. Crie um grupo de dez e você se verá assoberbado com quarenta e cinco vias de comunicação.

Adicione a isso os vários outros desafios inerentes aos grandes grupos, começando pelas perdas de processo — em que os desafios com a coordenação de informações e motivação se acumulam e interagem uns com os outros exponencialmente, resultando numa redução da produtividade da equipe —, somados ao fenômeno de conhecimento comum, quando os membros da equipe discorrem sobre o que todos já sabem, em vez de uma única informação que um único membro do grupo detém. Sobrepondo em camadas os efeitos sociais de equipes maiores, incluindo a perda relacional (quando os membros da equipe acreditam que têm pouco apoio dos demais), perda de coesão social (nosso senso de pertença, conexão e unidade), apatia social (conformar-se às normas sociais de um grupo), e o fato de que normalmente são uns poucos membros do grupo que se encarregam do grosso das apresentações em encontros e reuniões, e ficará claro que grandes equipes, por mais que sejam necessárias para atividades expandidas do núcleo, são nocivas às iniciativas da borda.

Seja qual for o tamanho específico da equipe das suas iniciativas da borda, mantenha-a no menor tamanho possível e seja muito criterioso ao acrescentar novos membros ao time. Agindo assim, você não apenas colhe os benefícios delineados anteriormente, mas cria equipes hiperfuncionais e multifuncionais (muito necessárias) com altos níveis de consciência espacial, resultando numa melhor coordenação em toda a empresa.

Durante meu tempo no eBay Alemanha, em 2001/2002, quando ele gerou metade da receita total da matriz nos EUA numa área geográfica significativamente menor, administramos toda a empresa com menos de 150 pessoas. Adotamos o mantra de "contratar por trás da curva" — agregando novos membros apenas quando tínhamos a certeza de que eram necessários e o trabalho não podia mais ser feito pelos demais. Noutras palavras, fomos bem-sucedidos fazendo a borda passar fome.

Com base numa imagem do maravilhoso mundo da botânica, Gustav Strömfelt, o ex-líder do portfólio de blockchain e acelerador de inovação do Programa Mundial de Alimentos, compara essa abordagem à maneira como você cultiva orquídeas — uma flor notoriamente difícil de cultivar em casa (tecnicamente uma erva daninha, mas não as arranquemos por causa disso): você não rega uma orquídea tanto assim, pois a planta, se ligeiramente desidratada, direcionará a energia do crescimento da folha para um caule que resultará numa bela flor.

Se passar fome não é a sua praia, o fundador da Amazon, Jeff Bezos, cunhou o termo "regra de duas pizzas". Nenhuma equipe deve ser maior do que duas pizzas grandes deem conta de alimentar — mesma ideia, mesmo resultado, metáfora diferente.

Controle sobre a experiência

Você configurou seu esforço da borda, tem uma equipe de caçadores alocados nela e seguiu a regra das duas pizzas. O último passo para capacitar sua equipe da borda é dar a ela o controle sobre a experiência, um passo aparentemente simples e benéfico, mas que pode impactar significativamente sua capacidade de inovar e desenvolver produtos ou serviços transformacionais adequados a uma mudança de estado emergente.

Muitos chamam esse formato de "liberdade dentro de uma estrutura" ou "liberdade dentro de um sistema". As empresas tendem a definir barreiras claras sobre a aparência, o desempenho, a produção, o marketing e a venda de um novo produto ou serviço. As grades de proteção garantem a integridade e a segurança da marca abrangente, bem como consistência e familiaridade em todo o ecossistema da marca. Tudo isso funciona bem e oferece muitos benefícios para situações que exigem, no dizer de Clayton Christensen, "inovação sustentável". Pense no humilde sabão para lavar roupas. Existe em muitas formas, desde o clássico pó (sabão sólido antes disso) até os novíssimos tablets, folhas e líquidos. Uma coisa permanece a mesma: trata-se sempre, inequivocamente, de sabão.

Isso funciona muito bem — até que você esbarre numa mudança de estado e a maioria das regras, se não todas, sejam jogadas no lixo. Agora, a estrutura ou sistema se torna um obstáculo e um risco que os novos participantes não precisam correr, pois não precisam lutar contra o legado que carregam.

Ao operar na borda, as equipes devem ter controle total sobre a experiência para se concentrar nos trabalhos que precisam ser feitos para o cliente e poder criar sem limitações.

A SodaStream, a empresa que desde 1993 produz um dispositivo de carbonatação de água e nos permite produzir água com gás no conforto de casa com o pressionar de um botão, foi adquirida pela gigante de bebidas e lanches PepsiCo em 2018. Apesar de uma forte base de usuários em toda a Europa (20% dos domicílios na Suécia possuíam uma máquina SodaStream em 2010) (Zalik, 2010), a empresa teve dificuldade em se estabelecer no mercado dos EUA principalmente devido ao fato de os consumidores norte-americanos não beberem tanta água com gás assim. O desafio no mercado dos EUA foi agravado pelo fato de que, para trocar o cilindro de dióxido de carbono vazio, os consumidores tinham que encontrar um supermercado próximo — como a Target, que vendia os cilindros da SodaStream — e trocar o cilindro vazio por um reabastecido. Esse aborrecimento provou ser um inconveniente insuperável para muitos consumidores.

Sob a liderança do visionário CEO da PepsiCo, Ramon Laguarta, que havia percebido uma mudança de estado que fez com que consumidores passassem a comprar alimentos on-line, a equipe da SodaStream elaborou um plano para permitir ao consumidor, sem maiores aborrecimentos, trocar seus cilindros de CO_2 vazios por cheios. Os clientes iam ao site da SodaStream, pediam um cilindro cheio de CO_2 e usavam a embalagem vazia da remessa para devolver o vazio.

Laguarta deu a essa iniciativa da borda controle total sobre a experiência. Em vez de exigir que a equipe trabalhasse com a infraestrutura de TI existente e com os fornecedores tradicionais da PepsiCo, nenhum dos quais foi constituído para uma experiência direta ao consumidor, a equipe ficou à vontade para operar como uma startup. Como toda boa startup faz, a equipe primeiro analisou a infraestrutura de software usada por outras empresas no âmbito do varejo direto ao consumidor — sem a necessidade de reinventar a roda. Rapidamente, constatou-se que o fornecedor canadense de software de e-commerce Shopify era a escolha predominante para a maioria das startups que se relacionavam diretamente com o consumidor.

Seguindo os passos dessas startups, a equipe da SodaStream construiu sua loja on-line usando o software como serviço da Shopify, pagando apenas US$ 2 mil por mês e começando a operar dentro de semanas. Só se pode especular qual teria sido o orçamento inicial e os custos operacionais de uma iniciativa assim usando infraestrutura de TI existente da PepsiCo. Nossa estimativa chega aos milhões, e os prazos de execução do projeto seriam medidos em meses e anos, não em semanas.

A objeção mais comum, e geralmente superestimada, em relação a dar às iniciativas da borda o controle sobre a experiência é o dano à reputação da marca — um receio que costuma ser exagerado, pois os esforços da borda, por definição, são pequenos, podem ser executados sob novas marcas e — se comunicados corretamente — gozam de muita tolerância dos clientes se estes forem claramente informados sobre o que podem esperar. O Google faz isso colocando um rótulo "beta" na maioria das suas iniciativas experimentais.

Deixe de lado o seu medo e abrace um pouco de confusão. A recompensa será grande. Não agir ou podar uma iniciativa no nascedouro são, de longe, as piores opções.

Gerindo a tensão

Velocidade versus qualidade — ou seria velocidade e qualidade? Tomando emprestado o best-seller de Barry Johnson, *Polarity Management: Identifying and Managing Unsolvable Problems* (1992), a dicotomia entre núcleo e borda num negócio pode ser vista como uma polaridade. Johnson definiu polaridade como um par de conceitos positivos interdependentes que trabalham juntos em favor de uma eficácia sustentável e ideal.

Os líderes frequentemente têm uma visão positiva de um lado de uma polaridade e uma visão negativa do outro, ou pelo menos são tendenciosos em relação a um lado em particular. Um lado é privilegiado e o outro suprimido, desvalorizado, julgado ou ignorado.

O mais importante sobre as polaridades é que elas não são problemas a serem resolvidos, mas sim tensões dinâmicas a serem gerenciadas. Gerir a tensão entre o núcleo e a borda requer líderes ambidestros, colocar (e reter) as pessoas certas nas posições certas, manter-se ágil, rápido e responsivo, criando equipes pequenas, geralmente independentes, e dando a elas a liberdade de fazer o que precisam fazer.

Em seguida, vamos explorar o que define um líder nesse novo mundo.

Resumindo

Para gerenciar com sucesso a tensão entre o núcleo e a borda da sua empresa, considere os seguintes pontos:

• Certifique-se de que as pessoas certas estão a bordo do ônibus e ocupam os assentos devidos, especialmente os seus "caçadores" (os disruptores).

• Crie equipes pequenas e ágeis para as suas iniciativas da borda seguindo a regra das duas pizzas da Amazon.

• Capacite as suas equipes da borda e dê a elas um controle completo sobre a experiência.

• Conecte a borda ao núcleo, nomeando pessoas que tenham a habilidade de falar e influenciar ambos os lados.

3.2.4. Chave 4: Liderança

Sempre faça o certo. Será gratificante para uns e espantoso para outros.
— Mark Twain

Uma quantidade infinita de artigos, livros, podcasts, workshops e palestras já abordaram o tema da liderança. Não surpreende que nenhuma transformação possa acontecer devido apenas ao processo e à estrutura. Voltando à citação de Herb Kelleher sobre as empresas serem feitas de pessoas, nosso comportamento (ou seja, liderança) se torna o ponto focal da mudança.

Em nossas entrevistas e trabalho com clientes, minha equipe da be radical e eu identificamos cinco comportamentos ou habilidades-chave de liderança presentes em todos os líderes com quem trabalhamos. Eles se somam aos traços de liderança comumente mencionados enquanto habilidades e comportamentos necessários para futuros líderes, da empatia à agilidade, adaptabilidade e liderança servidora.

Comprometimento

Como os líderes conduzem com sucesso sua empresa de um estado para o outro? Quando perguntado sobre esta questão, Maurice Conti gosta de contar uma história:

Deixe-me levá-lo ao Velho Oeste Selvagem. Um grupo de executivos foi assistir a um filme clássico de cowboy. Imagine Clint Eastwood cavalgando ao pôr do sol depois de ter corrigido tudo de errado que havia no mundo, o Colt em seu coldre ainda fumegante. No momento em que as luzes se acendem no cinema, nossos executivos — segurando sacos de pipoca vazios nas mãos — se entreolham sorrindo: "Uau, que história. Precisamos pensar mais como cowboys na nossa empresa!". E assim eles voltam para o escritório, seus passos já são um pouco mais largos e cambaleantes (sabe como é passar o dia inteiro montando cavalos imaginários pelo deserto de Utah) e decidem trazer alguns cowboys para fazer "coisas de cowboy" na empresa. A emoção é palpável e genuína; a companhia será muito melhor com a presença de alguns cowboys (a propósito, eles são os caçadores do capítulo anterior). Os executivos estão realmente entusiasmados com a cultura inovadora e arriscada que os cowboys (e cowgirls) trarão para o negócio.

Uma semana depois, o RH reúne os cowboys e diz: "Nós simplesmente adoramos o que vocês estão fazendo. Coisa de primeira. Mas... só tem uma coisinha. Os cavalos de vocês estão cagando no escritório todo, e o fedor está insuportável. Os nossos outros funcionários estão reclamando. Falando sério, está ficando meio difícil assim. Podemos aposentar os cavalos e usar apenas carros?".

Os cowboys refletem sobre o pedido. Os carros são mais seguros e rápidos. A impressão que eles têm é que ainda vão conseguir fazer o trabalho. Talvez dirigindo uma Ford F-150. Não é tão complicado assim...

Algumas semanas depois, os cavalos se foram, os cowboys estão no volante das suas caminhonetes, e os executivos continuam a comentar sobre como os cowboys estão mudando toda a cultura da empresa, como é incrível tê-los aqui e como eles são valiosos.

No final do primeiro mês dentro da companhia, os cowboys recebem outra visita do RH. A própria diretora do departamento é só elogios sobre o quanto eles amam os cowboys — puxa, como eles são fantásticos —, mas... os revólveres carregados são um problema. Há as questões legais, outros funcionários não se sentem seguros e não está sendo bom para a marca da empresa. "Quem sabe não pudéssemos eliminar os revólveres? Tudo bem se fossem revólveres de brinquedo?"

Mais uma vez, os cowboys pensam a respeito. Isso compromete bastante a maneira como eles fazem o trabalho. As armas os protegem dos riscos muito reais que enfrentam. São parte fundamental da personalidade deles. Mas adoram o trabalho que fazem e estão entusiasmados com ele, por isso concordam. De alguma maneira darão um jeito.

E assim continua. Pouco a pouco, semana após semana, as coisas que fazem dos cowboys "cowboys" vão sendo eliminadas. E então, seis meses depois, você acaba com um bando de velhinhos caucasianos de terno usando grandes chapéus de cowboy... e isso é simplesmente ridículo.

Como Jean-Paul Sartre disse certa vez: "Compromisso é uma ação, não uma palavra".

O compromisso (e, portanto, o comprometimento) no contexto de uma empresa está profundamente ligado à forma como você pensa e estrutura seus incentivos. George Constantinescu explica: "O mundo gira em torno de incentivos; criar a estrutura correta de incentivos para que as pessoas façam o que queremos que façam. Frequentemente, temos incentivos que fazem o oposto, o que impede as pessoas de fazer a coisa certa, mesmo que queiram fazer a coisa certa. Veja todo o sistema de incentivos recompensando a 'solução pronta', a solução instantânea. É uma sensação boa no momento, mas no futuro, isso leva a todos os tipos de consequências indesejadas e à ausência de benefícios. Tudo isso é bem-intencionado: as estruturas de governança, os processos de controle e as etapas de validação. Todos eles podem ser (e estão) sendo mal utilizados, vêm sendo usados como uma linha de defesa em vez de um facilitador de oportunidades. Isso faz com que as empresas bem-sucedidas se entrincheirem na otimização e protejam o *status quo*".

Qualquer projeto de inovação e, portanto, de transformação exige líderes verdadeiramente comprometidos — não reativos às mudanças muitas vezes confusas e desconfortáveis necessárias, mas genuinamente comprometidos com a configuração, o processo e o resultado. Mas o comprometimento — especialmente numa jornada que trilha um caminho ainda desconhecido rumo a um destino radicalmente diferente — pode ser, e muitas vezes é, assustador. E não apenas para nós, mas também para nossos colegas e subordinados.

Comunicação

Todos odeiam mudanças — especialmente aquelas que nos afetam. É irritante, desconfortável e muitas vezes assustador. A menos que as pessoas vislumbrem um futuro (muito) melhor para si mesmas e sintam aquela comichão pela mudança, elas não mudarão. Podem até dizer que vão mudar, mas não vão. Para que a mudança aconteça, você precisa prover uma imagem convincente do futuro — conforme deixa claro a sigla cunhada por Jim Collins (2001): MGAC, Metas Grandes Audaciosas e Cabeludas — e uma resposta sólida à pergunta "Para começo de conversa, por que eu tenho que mudar?".

Kyle Nel, ex-diretor-executivo da gigante do varejo de bricolagem Lowe's Innovation Labs, é um mestre da transformação. Nel enfatiza a necessidade de uma narrativa estratégica para impulsionar a mudança: "Você tem que ter uma narrativa real com personagens, conflitos e um arco narrativo de onde você está hoje e onde estará no futuro. É para onde estamos indo, e é assim que vamos chegar lá — o passo a passo, a rota e como enfrentaremos os percalços que surgirão diante da nossa empresa ao longo do percurso".

John F. Kennedy não falou à nação que os recentes desenvolvimentos científicos e tecnológicos viabilizaram a criação de um projétil cilíndrico impulsionado a uma grande altura ou distância pela combustão de seu conteúdo. Em vez disso, criou uma narrativa estratégica fascinante em seu discurso empolgante em 12 de setembro de 1962, no Rice Stadium, em Houston, Texas:

Escolhemos ir à Lua. Escolhemos ir à Lua nesta década e fazer as outras coisas, não porque são fáceis, mas porque são difíceis, porque esse objetivo servirá para organizar e medir o melhor de nossas energias e habilidades, porque esse desafio é aquele que estamos dispostos a aceitar, é um desafio que não estamos dispostos a adiar, e um desafio que pretendemos superar, assim como os demais.

Nel confronta isso com a típica pergunta que faz aos líderes: "Eu sempre pergunto qual é a sua narrativa estratégica. Explico muito sucintamente do que se trata, e eles costumam me responder com platitudes muito resumidas e bidimensionais sobre estratégia. Isso não é uma narrativa. Ninguém se anima com uma coisa bidimensional".

Os seres humanos são programados para histórias; transmitimos informações dessa maneira desde tempos imemoriais. Desde os nossos antepassados sentados ao redor da fogueira até o famoso discurso da Lua de JFK, nossos cérebros e corações reagem a histórias bem elaboradas. Todas as pessoas que entrevistamos para nossa pesquisa reiteraram a necessidade de uma história convincente. Como afirma Lisa Cron, autora do maravilhoso livro *Wired for Story*: "A história evoluiu como uma forma de explorar nossas mentes e as mentes dos outros, como uma espécie de ensaio geral para o futuro" (2012).

Um ano antes do fim da Segunda Guerra Mundial, Fritz Heider e Marianne Simmel conduziram um estudo notável (1944). Aos participantes foi mostrada uma animação de desenhos de noventa e dois segundos representando símbolos em movimento — uma caixa, dois triângulos e um círculo. Quando perguntados sobre o que tinham visto, a maioria dos participantes descreveu as formas como personagens com emoções reconhecíveis. Nas últimas seis décadas, o estudo foi replicado menos vezes, sempre com o mesmo resultado: em vez de enxergar formas e símbolos geométricos se movendo aleatoriamente pela tela, o que vemos são interações humanas, conflitos domésticos, dramas familiares ou histórias de amor se descortinando diante dos nossos olhos. Tentamos encontrar e atribuir sentido onde não existe necessariamente nenhum; damos sentido ao mundo através das histórias.

Meu colega Jeffrey Rogers aponta que o desejo dos humanos por histórias não apenas representa uma oportunidade para nos conectarmos profundamente por meio da narrativa, mas também serve como um lembrete importante de que tudo o que fazemos será compreendido num contexto — seja das histórias que contamos ou das histórias contadas sobre nós, caso não sejamos atores que compartilham ativamente a narrativa.

Rogers detalha quatro elementos-chave necessários para criar a sua nova narrativa: a sua história deve falar a partir do seu propósito, compartilhar uma ideia de futuro, incluir o seu público e mostrar como todos dividem a mesma jornada. Incorpore esses quatro elementos-base à sua narrativa estratégica e você estará no caminho certo. E esqueça a matriz bidimensional.

Desconhecimento

Se o Vale do Silício faz jus à fama que tem é por causa da sua capacidade de recomeçar. A Autodesk, fabricante de software sediada em São Francisco, é pioneira na construção de ferramentas criativas para arquitetura, engenharia, construção, manufatura, mídia, educação e indústria do entretenimento. Antes de ingressar na Telefónica, Maurice Conti foi diretor de pesquisa aplicada e inovação da Autodesk.

Certo dia, com apenas três semanas no cargo e se reportando diretamente ao diretor de tecnologia, Conti se viu conversando com seu chefe. Conti descreve seu ex-chefe como "um cara muito, muito inteligente — você precisa prestar muita atenção quando está com ele se quiser acompanhar o rumo da conversa".

Ao ser perguntado sobre o que Conti deveria fazer em sua nova função, o CTO respondeu: "O que eu preciso é que você vá identificar os nossos pontos cegos".

Conti ficou aliviado. Estava de acordo com o que ele imaginava que seu trabalho deveria ser. Pensando melhor em seguida, Conti deixou escapar: "Então, por definição, você não pode me dizer onde procurar?". O chefe assentiu e disse: "Exatamente. Eu não sei. Posso ajudá-lo a refletir sobre isso assim que você encontrar algo, mas não sei onde você deve procurar; foi por isso que o contratamos".

Dizer algo assim — admitir que você não tem a resposta — requer coragem. Isso vai de encontro a todas as condutas que nos fazem bem-sucedidos, afinal. Você ganhou sua nota 10 na escola ao dar a resposta correta às perguntas que o professor fazia. Você obteve seu diploma universitário por saber a resposta para um problema. Mais tarde, você foi promovido por ser a pessoa que detinha a resposta. No entanto, no mundo complexo e incerto de hoje, como o autor Warren Berger aponta em seu livro *Uma pergunta mais bonita* (2014), o valor de uma resposta acanhada diminui, e o valor de uma boa pergunta aumenta.

Os líderes precisam desconhecer — ou desaprender — muitas de suas crenças e percepções profundamente arraigadas e insights consolidados. Você precisa ser capaz de enviar a sua equipe para o desconhecido numa missão quase impossível, para a qual você não tem respostas disponíveis. O melhor que você pode fazer é dar diretrizes, agir como uma caixa de ressonância para as ideias que surgem e protegê-las da reação autoimune que uma empresa geralmente exerce contra qualquer coisa nova e desconhecida. O destino é desconhecido.

A habilidade desesperadamente necessária no futuro é a capacidade de um líder de fazer perguntas melhores, perguntas que começam com "Por quê?" ou "E se?" ou "Como poderíamos?". Tina Seelig, professora da Universidade de Stanford, organiza um workshop sobre *framestorming* em vez do típico *brainstorming*. Numa sessão de *framestorming*, o objetivo é gerar mais e melhores perguntas — não procurar respostas. Seelig gosta de lembrar aos seus alunos que "as perguntas são a moldura nas quais as respostas se enquadram". Quando geramos perguntas em vez de soluções, nos aprofundamos num problema e colocamos as suposições à prova. O processo permite que as pessoas façam perguntas fundamentais que muitas vezes não são feitas — não só "Como podemos fazer melhor?", mas também "Por que estamos fazendo isso para começar?".

Para executar sua própria sessão de geração de perguntas, comece identificando o "foco da pergunta", que é mais fácil de fazer na forma de uma declaração provocativa (por exemplo, "Um quarto de nossos clientes estão insatisfeitos com nossos prazos de entrega"). Depois de identificar o foco da pergunta, divida a equipe em grupos de quatro a seis pessoas e peça que gerem o maior número possível de perguntas em dez minutos. Depois de analisar e melhorar as perguntas geradas, você as prioriza e decide as próximas etapas.

A questão fundamental para o líder do futuro é: como você lidera para ingressar e desbravar o desconhecido? Não saber a resposta é preocupante — mas é uma sensação com a qual precisamos nos conformar. Pergunte a si mesmo o quão confortável você está em sentir-se desconfortável.

Inversão

Desde os tempos do exército romano, tendemos a tomar emprestados a liderança e o design organizacional de nossas empresas das estruturas militares. Desde os insights de Taylor sobre especialização no trabalho, passando pela cadeia de comando de Fayol até a burocracia de Weber, projetamos nossos sistemas para maximizar a produtividade e a eficiência. Provavelmente, a manifestação mais visível dessas abordagens é o gráfico organizacional — caixas perfeitamente desenhadas conectadas por linhas e uma nítida cadeia de comando de cima para baixo.

Se isso realmente funcionou é discutível, já que as pessoas na parte inferior do organograma geralmente pisoteiam essas caixas e linhas bem traçadas no esforço para realizar seu trabalho — um comportamento que comumente consideramos como falha das pessoas que invadem essas formas geométricas e não como um problema da nossa configuração organizacional.

Os organogramas e sua estrutura hierárquica exigem um ambiente estável e previsível. Um ambiente no qual podemos projetar anos, às vezes décadas, adiante com um alto grau de certeza, no qual eficiência, eficácia e otimização são questões preponderantes. Essas empresas são gerenciadas linearmente — movem-se de A para B numa linha reta, comumente expressa por meio do "plano quinquenal". As empresas reúnem informações — às vezes por meio de uma abordagem estratégica —, desenvolvem seu plano estratégico e, em seguida, o executam até a hora do próximo plano.

O ambiente de hoje é um sistema altamente interconectado e interdependente com um grau significativo de volatilidade, incerteza, complexidade e ambiguidade — um mundo comumente referido pela sigla "VUCA" (Bennis, 1986). O ambiente em que operamos muda com tanta frequência e de forma tão dramática que, quando um processo de estratégia clássico é concluído, as informações nas quais o referido plano se baseia já mudaram, tornando-o obsoleto.

Num jantar no famoso Instituto Santa Fé, Dee Hock, fundador e ex-CEO da bandeira cartões de crédito Visa, descreveu sua abordagem para administrar a empresa, líder longeva no mercado mundial de pagamentos com cartão, como um sistema que combina caos e ordem, cunhando o termo "caórdico" (1999). Ao reconhecer que nossos ambientes operacionais exibem altos graus de "VUCA" e combiná-los com a necessidade de uma organização de (algumas) demandas, Hock concebeu a Visa como uma empresa altamente descentralizada — por sua vez, criando um plano de gestão organizacional que hoje é adotado por líderes como Amazon, Google e a empresa com a qual tive a sorte de trabalhar, a Mozilla.

Você já viu um bando de estorninhos fazendo sua dança intrigante e hipnotizante no ar? É uma visão e tanto, e uma metáfora apropriada de como devemos administrar nossos negócios, particularmente nossas iniciativas da borda. Cada estorninho, a qualquer momento, absorve e processa três componentes-chave.

O primeiro componente é a direção geral da sua rota migratória. Cada ave conhece o norte da sua "bússola" — a direção geral e o destino para onde está migrando. Seu norte fornece clareza. Ele responde à pergunta simples, mas poderosa: "Estamos cientes do nosso destino?".

O segundo fator é o ambiente — o vento, as correntes, a pressão do ar, a umidade etc. Em nosso mundo, isso equivale a todas as pessoas da nossa equipe se orientando permanentemente sobre as ações de seus colegas, examinando o que está acontecendo no mercado, novos desenvolvimentos nas áreas centrais e adjacentes do negócio e mudanças na expectativa e no comportamento do cliente. A empresa se torna sensorial, um lugar onde cada membro da equipe não apenas executa, mas também procura e processa novas informações.

O componente final, conforme apontado num artigo científico publicado na revista *Proceedings of the National Academy of Sciences* por Sara Brin Rosenthal et al., é "a rápida transmissão da resposta comportamental local aos vizinhos" (2015). As melhores equipes operam no mesmo rumo. Cada membro retransmite insights recém-descobertos para a empresa em geral — não de uma maneira altamente centralizada (a temida "intranet"), mas em insights práticos e funcionais transmitidos às pessoas da equipe que podem agir diante das novas descobertas. Ao confiar nesses três fatores, os estorninhos se movem — sem uma liderança, com extrema eficácia e eficiência — pelo ar, minimizando o gasto de energia. Os estorninhos não têm (ou precisam) de organogramas.

Inspiradas na biologia, as empresas e iniciativas de ponta mais inovadoras, disruptivas e transformadoras operam com os mesmos princípios fundamentais. Em vez de ter como objetivo ajustar a estratégia e depois embarcar num caminho linear, descrevendo uma trajetória predefinida, seus líderes se concentram em acertar o rumo, definir o norte da bússola para a organização ou iniciativa e se concentrar numa descrição derivada da primeira causa sobre onde queremos estar no futuro. Transmitindo a direção da empresa por meio de uma narrativa estratégica forte e convincente, esses líderes permitem e capacitam suas equipes a agir de forma decididamente autônoma — na qual cada membro individual da equipe, a qualquer momento, considera o ambiente e os insights obtidos de seus pares para tomar decisões rápidas e iterativas. Isso resulta num padrão que não é uma linha reta, mas sim algo que Corey Ford, CEO da aceleradora de startups especializada em mídia Matter, apelidou de "caminhada bêbada do empreendedor/intraempreendedor".

O velho mundo estava de cabeça para baixo. Comandos, irradiados pelo C-suite, eram repassados de setor em setor com uma expectativa de execução um tanto irracional. No mundo novo, atual e futuro, os líderes de uma empresa se encarregam de definir a direção e criar o ambiente para que suas equipes floresçam. Eles entendem que aqueles com a compreensão mais profunda, fundamentada e baseada na primeira causa do cliente e do que está acontecendo no mercado estão na base de um organograma tradicional. Esses líderes fazem uso dessas informações, as deixam fluir livremente, desimpedidas e sem filtro até o topo — informando e conformando a maneira como a empresa se move, passo a passo, em sua jornada.

Hock incorporou esses princípios de design inspirados na natureza no modo como ele concebeu a Visa e deu forma a uma empresa coletiva e cocriada, administrada por suas dezenas de milhares de bancos parceiros em todo o mundo. No processo, ele codificou seus insights sobre gestão e teoria e prática organizacional, chamando-os de sistemas caórdicos.

A Mozilla, criadora do Firefox, se inspirou na abordagem pioneira de Hock. Por sua vez, a Mozilla criou um dos projetos de código aberto mais significativos do mundo, que em seu auge contava com 500 milhões de usuários em todo o mundo, alimentados por milhões de linhas de código de software e disponíveis em mais de sessenta idiomas — todos cocriados por um exército global de programadores voluntários, hackers e profissionais de marketing, empregando menos de 200 entusiasmadas pessoas (em 2009, quando eu estava na Mozilla).

A empresa pode ser única em sua abordagem e em sua trajetória particular, mas os principais pilares sobre os quais ela foi construída não são únicos e podem ser encontrados no alicerce das melhores empresas do mundo.

Quatro componentes essenciais são o núcleo de empresas como Amazon e Google, inúmeras startups unicórnio (empresas avaliadas em US$ 1 bilhão e acima), as melhores iniciativas de ponta em empresas estabelecidas e, claro, a Visa (na época):

- Sólida concordância sobre os princípios fundamentais (como Hock apontou, é aqui que você precisa gastar uma quantidade desproporcional de tempo e energia, estabelecendo as margens para uma tensão dinâmica, mas estruturada, entre cooperação e competição).

• Delegar a tomada de decisão para as bordas da empresa.
• Empoderar as bordas para que tomem as suas próprias decisões.
• Promover o livre fluxo de informações em toda a empresa e em todas as direções.

Tomados em conjunto, esses princípios formam a base para o sucesso de empresas como Google ou Amazon. A hierarquia plana do Google e da Amazon, equipes pequenas (a regra das duas pizzas na Amazon), vontade e capacidade de experimentar (os famosos projetos de 20%, nos quais o Google permite que qualquer funcionário gaste 20% do seu tempo para trabalhar em projetos que não estão relacionados ao seu trabalho principal), compartilhamento aberto de informações nas intranets da empresa e equipes e grupos trabalhando juntos de maneira informal, colaborando e compartilhando — tudo isso resulta numa estrutura organizacional invertida, semelhante a um bando de estorninhos a caminho do sul, em vez de um exército marchando rumo ao pôr do sol.

Persistência

Reza uma lenda do Vale do Silício que "todo sucesso da noite para o dia demorou de uns cinco a dez anos para acontecer". O que aparentam ser empresas, serviços e produtos que brotam do nada e tomam conta do mundo geralmente não são crianças no jardim de infância, mas, na maioria das vezes, alunos do ensino médio. Dê uma olhada em muitas das startups mais emblemáticas (que se tornaram adultos de sucesso). É possível identificar o padrão: o Airbnb, fundado no outono de 2007, anunciou exatamente cinco anos depois que atendeu a nove milhões de hóspedes desde o lançamento e, assim, saiu de seu nicho e se estabeleceu como um concorrente de peso no setor de hospitalidade. A empresa de compartilhamento de viagens Uber foi fundada cerca de um ano depois do Airbnb, no inverno de 2008. Após cinco anos de trabalho intenso, a Uber anunciou a centésima cidade em que você pode chamar um carro usando o app da Uber — momento em que a Uber se estabeleceu como um *player* verdadeiramente relevante no mercado.

E não são apenas as startups, como aponta Gisbert Rühl, da gigante alemã de distribuição de aço Klöckner & Co: "Nossa transformação digital, embora tenha sido saudada como um sucesso da noite para o dia, não foi algo que pudesse ser feito da noite para o dia. Em 2014, quando começamos, eu estava convencido de que precisava de tempo — embora não esperasse a demora de seis anos que de fato foi. Definitivamente demorou mais do que eu esperava" (Vamos ouvir mais sobre essa história no próximo capítulo).

Voltamos à ideia de Ernest Hemingway de "gradualmente, depois de repente" (1954). Essa ideia costuma ser usada para descrever a natureza exponencial da mudança — seja ela provocada pela tecnologia (por exemplo, o smartphone, como vimos anteriormente), mas também pela própria natureza das iniciativas da borda (com startups operando na borda por sua própria definição).

Ter isso em mente ao embarcar em sua jornada rumo à borda é essencial, pois ela será longa e árdua. A empresa de mídia alemã Axel Springer, um dos poucos exemplos brilhantes de uma transição histórica de um negócio impresso para um predominantemente digital, levou vinte anos nessa caminhada — que, como a liderança de Axel Springer admite com satisfação, ainda não acabou (e pode nunca ser concluída). Uma jornada que exige persistência — na medida que iniciativas da borda requerem persistência, paciência e longevidade vão de encontro à forma como a maioria das empresas modernas é organizada.

De acordo com um estudo da Equilar de 2017, a média de permanência de um CEO da Fortune 500 era de cinco anos — e diminuiu rapidamente (em 2013, o mandato médio era de um ano a mais) — o que significa que a maioria dos CEOs de grandes corporações não acompanham suas iniciativas da borda até a linha de chegada (Marcec 2018). Pior ainda, líderes de alta gerência de uma empresa comumente são transferidos de uma área de responsabilidade para outra.

Isso, é claro, acontece por boas razões: você quer desenvolver e preparar talentos emergentes dentro de sua empresa, e a melhor maneira de fazer isso é expô-los ao maior número possível de situações, inputs e desafios. Mas isso vai de encontro à realidade das iniciativas da borda, pois elas simplesmente precisam de mais tempo para amadurecer do que o tempo médio de permanência do líder no projeto. O resultado? Projetos perdendo a dinâmica, perda de conhecimento institucional, de direção e de visão, e uma liderança "aos soluços". Um novo líder que assume um projeto existente normalmente "deixa sua marca", redefinindo a visão e mudando a direção, bem como os procedimentos operacionais (e às vezes as pessoas que trabalham no projeto).

Combinando esses desafios com a visão, às vezes sedimentada, de que a transformação é uma jornada com um começo e um fim, uma proposição "de-para" em vez de um processo contínuo, no qual cabe "passar" pela transformação, mas, em vez disso, "viver em" transformação, tornam-se evidentes os obstáculos que uma empresa terá que superar.

Agora pode ser um momento perfeito para refletir sobre a sua jornada e refletir sobre a pergunta: "O que você fará daqui a cinco anos?".

A liderança, não surpreendentemente, está no centro de toda transformação. Ela anda de mãos dadas com o design organizacional. Liderar a si mesmo não é suficiente; você precisa criar as estruturas para capacitar e permitir que outros também possam liderar. A boa notícia é que uma boa liderança não é complicada nem complexa. Simplesmente requer compromisso e trabalho árduo e contínuo — consigo mesmo e com a sua empresa.

Resumindo

Para ingressar no desconhecido e conseguir desbravá-lo, considere os seguintes pontos:

- Comprometa-se com os resultados das suas iniciativas da borda, não apenas com o processo.
- Comunique-se por meio da narrativa, falando a partir do seu propósito, compartilhando o seu futuro desejado, incluindo o seu público e mostrando a todos como eles compartilham a jornada.
- Esteja à vontade e lance mão das suas melhores habilidades de liderar rumo ao desconhecido, superando o desejo de "saber a resposta" e, em vez disso, dispondo-se a fazer perguntas melhores.
- Inverta as estruturas organizacionais existentes, fornecendo instruções em vez de estratégia, permitindo correções contínuas de curso ao longo do caminho e capacitando seus trabalhadores da linha de frente a atuar como uma rede sensorial.
- Crie estruturas organizacionais, remuneratórias, planos de carreira e incentivos para que seu pessoal persista na jornada de transformação. Considere a interdependência de seus líderes — a maneira como eles trabalham juntos em todos os níveis e terrenos. Seus líderes precisam operar de forma independente, mas a serviço do todo.

3.2.5. Chave 5: Re/Qualificação

Vivemos no mundo que as nossas perguntas criam.
— David Cooperrider

Cada transformação, cada mudança de estado, alterará o jogo que você joga. Pode ser que hoje você esteja jogando tênis — um jogo realizado numa quadra, usando uma raquete e bolas, cujo objetivo é lançar a bolinha sobre uma rede e evitar que o seu adversário não consiga rebatê-la. Amanhã, você pode estar num campo de críquete — segurando na mão um taco vagamente parecido com a raquete de tênis que lhe é familiar. Continua sendo um jogo em que você acerta uma bola com o objetivo de evitar que seu oponente a rebata. Infelizmente, não só parece diferente, mas também se baseia num conjunto totalmente diferente de regras. Além disso, exige não apenas o uso de outros equipamentos, mas que se jogue num terreno estranho e se domine uma jogabilidade diferente; você também precisa estabelecer novos padrões de movimento e desafiar seus músculos de maneiras muito diferentes.

Imagine a transição do aluguel de fitas de vídeo VHS para clientes próximos de uma loja física para o streaming de vídeo diretamente para as televisões das pessoas, a transição da venda de rolos de filmes para um aplicativo de fotos digitais com filtros criativos, ou da venda de cópias do seu software para o aluguel num modelo de software como serviço. Todas essas são mudanças de estado e representam um novo aprendizado no jogo (embora muitas vezes guardem alguma semelhança com o jogo anterior).

As empresas, em geral, sabem que requalificar e aprimorar sua força de trabalho é essencial. No entanto, os esforços costumam ser algo assim: a gestão encarrega o RH de garantir que a força de trabalho da empresa esteja pronta para a transformação digital da empresa. Com as melhores intenções, o RH busca oportunidades e programas de aprendizagem — um conjunto de programas para a alta e média gerência e, em seguida, uma solução mais escalável e econômica para o resto da empresa.

Como resultado, a alta administração é enviada para o Vale do Silício para uma "excursão de imersão" de uma semana, com direito a visitas a startups e empresas de capital de risco e uma inspeção panorâmica da cultura das empresas sediadas no trecho entre São Francisco e San Jose. Enquanto isso, o RH assina de bom grado um acordo com um dos vários provedores de aprendizagem on-line para oferecer treinamento para o resto da empresa — acreditando (e esperando) que os funcionários embarquem numa jornada de "escolha da própria aventura", usando essas plataformas de aprendizagem on-line, e surjam com novas habilidades e uma mentalidade renovada. A crença (e esperança) é que ambos os insights sejam adquiridos e as mudanças culturais sejam alcançadas; essa, por sua vez, é a expectativa daqueles que retornam da viagem à ensolarada Califórnia.

Claro, nada disso funciona.

A realidade é que a alta administração se divertiu muito em sua viagem ao Vale do Silício, experimentou uma boa dose de choque cultural (às vezes extremo) e não aprendeu nada, pois todas as suas interações eram superficiais e fora de contexto; em vez disso, acabaram comprando um monte de camisetas do Google na loja do campus da empresa. Enquanto isso, demais empregados ignoram completamente o convite para "aprender", pois exigiria um tempo de que eles não dispõem, ou em vez disso escolhem apenas cursos que despertam seu interesse (e podem não estar alinhados ao seu trabalho) e em seguida os abandonam logo após a primeira aula, pois o conteúdo parecia irrelevante, a modalidade de aprendizagem não funcionou, o tempo investido era demasiado ou o curso era mal produzido.

Bill Pasmore — professor de psicologia organizacional e social na Teachers College, Universidade de Colúmbia — lembra-se de um episódio de sua passagem pelo Centro de Liderança Criativa, quando um membro do conselho levou uma equipe executiva de uma empresa já estabelecida numa viagem de imersão ao Vale do Silício. O que os executivos viram na viagem foi tão avassalador — tão distante de sua zona de conforto e conhecimento — que os assustou até a inação: "Assustou-os tanto que eles não tinham capacidade de lidar com o que estavam vendo nem habilidade ou capacidade de traçar um curso para o futuro. Então, eles apenas voltaram ao que sabiam, limitando-se ao que faziam desde sempre e esperando que isso fosse suficiente, abrindo mão de se adaptar à disrupção".

No entanto, como Pasmore aponta, o enigma da aprendizagem eficaz é o seguinte: "Sabemos que os líderes não aprendem na maioria das vezes lendo livros ou assistindo a vídeos do YouTube (nota: não perdemos de vista o fato de que você está lendo um livro neste momento). Mesmo que preferíssemos que a vida fosse assim — na verdade, o que sabemos sobre a aprendizagem de adultos é que 70% dela é fruto da experiência".

A aprendizagem de hoje é baseada principalmente em padrões que extraímos das nossas experiências escolares ou educacionais, as quais transpomos para o local de trabalho. Como aponta Lars Hyland, diretor de aprendizagem da Totara Learning: "Em relação ao processo de aprendizagem em si, é multimodal; precisamos ser estimulados. Precisamos de tempo dedicado e reservado para aprender; precisamos de tempo para refletir sobre o que aprendemos e praticamos — e a prática tem que acontecer em nosso contexto de trabalho para ser eficaz".

Precisamos reaprender a aprender — por nós mesmos e pelos nossos colegas.

Requalificação no trabalho

Quem disse que não se pode transformar uma siderúrgica numa potência digital? Em 1906, o comerciante Peter Klöckner criou a homônima Klöckner & Co (comumente abreviada como KlöCo) em Duisburg, Alemanha. Ela logo se tornou uma das maiores distribuidoras de aço alemãs e hoje está entre as 200 maiores empresas da Alemanha.

Conheci Gisbert Rühl, CEO da KlöCo de 2009 até meados de 2021, através de um amigo comum num pequeno E DISCRETO café em Cupertino, bem no coração do Vale do Silício. Nas proximidades do campus da Apple, o café é frequentado por funcionários da Apple que procuram um local tranquilo longe dos olhos curiosos da empresa para conversar sobre oportunidades de carreira fora da Apple ou ideias para uma startup. No meio de conversas à meia-voz, com um copo do icônico *red velvet latte* na mão, Rühl apertou minha mão e se apresentou com as palavras: "Oi, eu sou o Gisbert".

Eis aqui o CEO de cinquenta e seis anos de uma tradicional empresa siderúrgica alemã se apresentando pelo primeiro nome, desconsiderando o protocolo alemão, estabelecido há muito tempo, que exige o uso do sobrenome quando alguém se dirige a um interlocutor num ambiente de negócios. Foi o início adequado de uma conversa fascinante.

Sob sua liderança, a KlöCo começou uma jornada de transformação digital abrangente, identificando os sinais de mudanças de estado avassaladoras acontecendo na indústria siderúrgica. A equipe de Rühl começou fazendo a digitalização completa da cadeia de suprimentos da KlöCo. Distante da sede da KlöCo, no coração da tradicional região siderúrgica da Alemanha, o kloeckner.i — o centro digital do grupo — foi sediado na moderna Berlim, palco principal da cena de startups da Alemanha. Percebendo que os clientes da KlöCo experimentaram um atrito significativo no mercado fragmentado de produtos siderúrgicos e operando com base na primeira causa com uma profunda compreensão do trabalho a ser feito pelos seus clientes, Rühl se propôs a criar a XOM Materials — um marketplace para toda a indústria siderúrgica. Em 2018, a empresa foi lançada como uma entidade independente, convidando os concorrentes diretos da KlöCo para a plataforma, voltada aos clientes em toda a cadeia do setor — em muitos aspectos, um projeto da borda por excelência.

Após várias rodadas de *red velvet lattes*, e, assim, suficientemente cafeinados, Rühl foi me guiando pelos passos que deu para transformar uma empresa siderúrgica tradicional numa potência digital líder em sua indústria. O roteiro de Rühl aborda todos os quatro insights que discutimos nas seções anteriores deste capítulo — para, em seguida, dar ênfase à chave número cinco: a decisiva necessidade de requalificar a força de trabalho.

Para aumentar o "QI digital" da empresa, Rühl deixou o esforço de qualificação a cargo da equipe de gestão — começando com a definição clara de quais habilidades, conhecimentos e mentalidade seriam necessários para que a força de trabalho da KlöCo fosse competitiva no futuro. A KlöCo concentrou-se em dar relevância a seus programas de requalificação e aprimoramento, fornecendo contribuições cruciais da equipe de gestão para a equipe de RH e Aprendizagem e Desenvolvimento e respondendo à pergunta "O que nosso pessoal realmente precisa saber?". A empresa passou a oferecer programas de alta qualidade usando diferentes modalidades de aprendizagem para todos os funcionários por meio de sua academia digital. Além disso, os funcionários tinham o direito de participar desses cursos durante o horário de trabalho — para ampliar o acesso e permitir um ganho de escala em toda a empresa. Esses esforços valeram a pena à medida que a KlöCo se transformou (e continua a se transformar) numa plataforma digital.

Rühl terminou nossa conversa com uma advertência, apontando que, se um funcionário da KlöCo não quiser se transformar, pode não haver muito futuro para ele (isso remete à "regra dos 15%" de David Bray, que discutimos anteriormente).

Transforme-se ou seja transformado.

Duas perguntas cruciais

As duas principais perguntas que toda empresa precisa fazer e responder em seu esforço para requalificar e aprimorar sua força de trabalho e, assim, preparar-se para o futuro são sobre relevância ("O que seu pessoal realmente precisa saber?") e escala ("Como você dimensiona o aprendizado à empresa inteira?").

A resposta à primeira pergunta é uma responsabilidade essencial da gestão; juntamente com a definição da direção da empresa, a gestão deve determinar as habilidades críticas e as competências necessárias para atingir seus objetivos.

A resposta à segunda pergunta precisa ser avaliada e posta em prática pela administração, pois é fundamental garantir que as habilidades e competências futuras estejam amplamente disponíveis de alto a baixo da empresa. E como observa Gianni Giacomelli, encarregado de ampliar o aprendizado na consultoria global Genpact: "Quando você faz as contas, percebe rapidamente que simplesmente nunca terá dinheiro suficiente para requalificar e aprimorar todos na empresa se depender das ferramentas tradicionais de aprendizado. A única maneira de se manter à tona é democratizar a criação e a curadoria do conhecimento e garantir que as pessoas abracem o conhecimento de uma maneira não hierárquica. Isso significa que eles não precisam esperar que ninguém os acorde de manhã e os mande para a escola, em vez disso esse aprendizado precisa ser incorporado ao seu fluxo de trabalho diário". Lars Hyland acrescenta: "Para ser eficaz, o aprendizado deve ser incorporado às suas práticas de trabalho e estar muito próximo do fluxo do que você está fazendo".

Riaz Shah, sócio e líder global de aprendizagem na empresa de consultoria EY, concentra-se em fazer exatamente isso para as 350 mil pessoas que trabalham na EY no mundo inteiro. Identificando a necessidade de aprendizagem contínua e, portanto, a necessidade de a empresa continuamente requalificar seus funcionários, Shah criou uma série de programas em escala, relevantes e cuidadosamente escolhidos tendo em vista as necessidades futuras da empresa.

Ao retornar à empresa depois de um período sabático (para fundar uma escola pública, nada menos), Shah recebeu a missão do CEO da EY, que identificou a necessidade de aprendizagem contínua devido à quantidade exponencialmente acelerada de mudanças que acontecem em todos os setores.

"Com total apoio do CEO, começamos por identificar as habilidades que todos os nossos funcionários precisarão no futuro, independentemente de onde estejam no mundo, da experiência que possam ter ou do que façam no dia a dia", explicou Shah em nossa conversa. "Em seguida, selecionamos conteúdo dos melhores MOOCs (cursos on-line abertos e em massa) do mundo, traçamos rotas de aprendizagem para nossos funcionários e, na conclusão, damos a eles selos de aprendizagem."

Ao criar credenciais específicas, públicas e transferíveis (ao deixar a EY, o funcionário pode levar seus selos de aprendizado para um eventual novo empregador), a EY converteu a vaga demanda "aprender sobre IA" num objetivo de aprendizado definido, alcançável e documentado: "como obter o selo de aprendizado de IA completando quinze horas de conteúdo de aprendizado cuidadosamente selecionado e altamente específico".

Com a visibilidade dos selos de aprendizagem da EY, combinada com um sistema hierárquico baseado em objetivos de aprendizagem e nível de especialização, a EY criou um poderoso sistema interno e externo para uma aprendizagem relevante e em escala. Na primavera de 2022, a EY emitiu mais de 215 mil selos, com outros 200 mil em andamento. Para manter o conteúdo relevante, a EY aproveita o conhecimento acumulado por sua base de funcionários e trabalha continuamente com especialistas no assunto em cada área para manter o conteúdo atualizado.

Bill Pasmore resume a questão da criação de relevância ressaltando que precisamos primeiro personalizar a jornada de aprendizagem dos empregados no contexto da empresa e na perspectiva das oportunidades em vista. Os líderes não têm tempo (nem paciência) para passar por um programa em que talvez 10% do aprendizado realmente lhes diga respeito, e no qual os outros 90% são em larga medida irrelevantes. "Não posso perder meu tempo com isso. Preciso de um programa focado e personalizado que me permita aprender com as pessoas com quem tenho que aprender, o mais rápido possível. E que me ajude a pensar como colocar isso em prática para que possamos superar os desafios que temos pela frente." Criar um programa personalizado e intensivo não é difícil. Quando a EY lançou a sua iniciativa de aprendizagem, a equipe de Shah organizou os cursos e módulos existentes a partir do vasto conjunto de ofertas de aprendizagem on-line e off-line disponíveis. Temos a sorte de viver num mundo em que você pode aprender qualquer coisa, a qualquer hora, em qualquer lugar; a grande questão é a curadoria.

Todo o desafio de qualificação e requalificação fica ainda mais crítico quando se examina a lacuna global de competências: as empresas já enfrentam uma "guerra por talentos", independentemente da indústria ou do lugar em que operam, uma tendência que, de acordo com inúmeros pesquisadores, organizações comerciais e órgãos governamentais, só vai piorar no futuro.

Qualificação e requalificação são fatores cruciais para garantir o sucesso futuro de uma empresa. Voltando às observações de Herb Kelleher sobre as pessoas serem o ponto crucial de qualquer negócio, fica claro que as habilidades de cada um são um elemento crucial para qualquer empreendimento — nas palavras de Kelleher: "ontem, hoje e sempre". Uma equipe que reúna um conjunto diversificado e completo de habilidades age como uma afinada banda de jazz — uma analogia que Gianni Giacomelli gosta de invocar ao falar sobre as habilidades pessoais.

Numa boa banda de jazz, todo músico traz suas ideias e insights (muitas vezes de suas próprias redes de contatos) na forma de sons novos e únicos, que são então perfeitamente captados pelos outros membros da banda, que começam a improvisar e criar dentro daquele tema. As melhores empresas, e certamente as melhores iniciativas da borda, operam da mesma maneira. Para que isso aconteça, as pessoas precisam ser mais como galáxias do que estrelas; o poder está na conectividade e na combinação, não no indivíduo. Riaz Shah resumiu assim nossa conversa: "Acho que é crucial, como empresa, se perguntar quais são as habilidades das pessoas hoje e quais habilidades serão necessárias no futuro, considerando os trabalhos a serem feitos. Como essas habilidades vão mudar e como vamos nos aprimorar?".

Depois de começar a mudar o que as pessoas sabem, você inevitavelmente começa a mudar quem elas são; ao somar habilidades, você muda a cultura. E como nos ensinam as ciências sociais, você só pode transformar indivíduos, embora multidões possam evoluir.

Resumindo

Para criar uma iniciativa eficaz de qualificação e requalificação, considere os seguintes pontos:

• Garanta a relevância da sua iniciativa de aprendizagem, assegurando que a liderança determine as habilidades específicas necessárias para o futuro da empresa.

• Certifique-se de dimensionar o aprendizado para as bordas da empresa, implementando sistemas e fornecendo tempo para que seus funcionários se envolvam com os materiais de aprendizagem.

• Considere a aprendizagem maciça em toda a empresa uma abordagem comprovada de maximizar os resultados de aprendizagem da sua empresa.

Sua vez

O futuro é tão brilhante, tenho que usar óculos.
— Timbuk 3 (Pat Macdonald)

Você não pode prever o futuro, mas pode imaginá-lo e depois criá-lo. Num dia sem nuvens de outubro de 2017, sob o mormaço outonal que assola a cidade de Austin, no Texas, na conferência do CEO da Conscious Capital, jantei com um colega palestrante. Pioneiro no segmento de restaurantes *fast-casual*, Ron Shaich é o fundador da Panera Bread — uma empresa de enorme sucesso e de capital aberto que supera por uma ampla margem empresas como Starbucks ou Chipotle.

Fundada em 1984, a Panera Bread é uma história de sucesso surpreendente e duradoura, encontrando-se frequentemente na vanguarda da mudança. Apenas alguns meses antes do nosso jantar, Shaich vendeu a empresa para a companhia de investimentos JAB por impressionantes US$ 7,5 bilhões.

Ao longo de um delicioso jantar ao ar livre, totalmente orgânico, sob a luz das estrelas, eu estava determinado a aprender como Shaich conseguiu construir, liderar e, finalmente, vender sua empresa. Shaich encerrou uma conversa animada com um resumo sucinto de sua abordagem: "Nossa abordagem sempre foi descobrir hoje o que importará amanhã e depois inserir a nossa empresa num futuro que está se descortinando diante de nós".

Desde aquela noite, exibo um slide com a citação de Shaich no encerramento das minhas apresentações. Nosso papel como líderes é, de fato, descobrir hoje o que importará amanhã, decodificando os sinais fracos, avaliando o que pode se transformar num sinal forte e quando, e nos preparando para as próximas mudanças de estado. Em seguida, tomamos essa visão e o futuro que agora se mostra claramente e podemos transformar nossa empresa, evitando falhas comuns e concentrando-nos nas correções. Ou voltamos à abertura deste livro: concentrando nosso olhar implacavelmente no vão e não nos obstáculos.

Não sou adepto de abordagens dogmáticas e deterministas. Não acredito em soluções complicadas demais. Uma dose muito saudável de bom senso produz os melhores resultados. Mas, como um líder do Serviço Aéreo Especial Britânico (SAS) observou certa vez numa conversa regada a cervejas artesanais: "No final, tudo faz sentido. O que não faz disso uma prática comum".

Pode não ser tão complicado, como o jovem líder da Pearson expressou de forma tão veemente, mas apenas difícil, o que não deve impedi-lo de abraçar esse trabalho — que é importante, emocionante e prazeroso.

Deixe-me deixá-lo com um último pensamento, este do diretor de inovação e cineasta Álvaro Delgado Aparicio (veja o capítulo "Chave 1— Raciocinando a partir da primeira causa"): "Assim como o amor, a inovação não pode ser forçada. É um ato voluntário que nasce dos seus sonhos e da sua coragem".

Vamos sonhar, disromper a disrupção e construir o que importa. O futuro cabe a nós criar.

AGRADECIMENTOS

Você concluiu a parte fácil — ler este livro. Agora vem a parte difícil (e divertida) — fazer o trabalho.

Escrever este livro foi a parte fácil. O trabalho duro foi feito por todos que me ajudaram ao longo do caminho.

Minha mais profunda gratidão vai para todas as pessoas incríveis que entrevistei. Muitos que você conheceu no livro, e muitos outros me deram insights profundos: Alice Casiraghi, Álvaro Delgado Aparicio, Amy Radin, Andy Billings, Barak Berkowitz, Bill Pasmore, Bruce Smith, Cecilia Tham, Chris Clearfield, Chris Yeh, Christina Nesheva, Dave Friedman, Dave Goldblatt, David A. Bray, David Bell, David Siegel, George Constantinescu, Gianni Giacomelli, Gisbert Rühl, Grant Wood, Gustav Strömfelt, Hannah Tucker, Hemali Vyas, John O'Duinn, Kyle Nel, Lars Hyland, Lisa Kay Solomon, Marques Anderson, Marshall Kirkpatrick, Massimo Portincaso, Maurice Conti, Natasha Gedge, Philipp Pieper, Riaz Shah, Rick Smith, Rob Evans, Rodolfo Rosini, Ryan Merkley, Samantha Snabes, Ulrich Schmitz, Vanessa Liu, Wing Pepper e todos os demais que esqueci de mencionar. Sem as suas ideias, este livro não teria acontecido.

Para os loucos que se inscreveram no Círculo de Autores: sua contribuição significa tudo para mim! Obrigado, obrigado, obrigado, Alberto Vilar, Alexandra Schiffke, Álvaro Delgado Aparicio, Amy Radin, Andreas Franke, Anthony Pompliano, Anurag Phadke, Ari Franklin, Arthur Liebhardt, Billy Lynch , Brad Shorkend, Christina Nesheva, Dan Byler, Dan Lionello, Daniel Almeida Pavia, Daniel Chu, Dave Rochlin, Didem Foss, Dylan Dierking, Eden Benavides, Eli Bressert, Emmanouil Xenos, Erick Contag, Flo Mack, François Marier, Genia Trofimova, George Constantinescu, Greg Moyer, Gregg Rodriguez, Hao Lam, Heather Sparks, Inmaculada Ranera,

Itzel Torres, Izabela Witoszko, Jane Finette, Jeffrey Broer, Jeffrey Rogers, Jennifer Cyphers, Jenifer Selby Long, Jessica Anne Heinzelman, João Cardoso, Jochen Schneider, Joerg Mugke, Johann Sprinckmoller, John Ruhrmann, Jorge Mendez, Jose (Chechu) Lasheras, Josep Castellet, Julian Sotscheck, Jutta Jakobi, Kenneth Peterson, Kevin Noble, Kristopher Aguilar, Lars Ivar Igesund, Lisa Andrews, Maria Saldarriaga, Marnix Langstraat, Marshall Kirkpatrick, Martin Korbmacher, Michael Roark, Michele Pitman, Miguel Coppel Calvo, Moh Haghighat, Natalia Peláez, Osvaldo Barbosa de Oliveira, Paul West, Pedro Ruiz, Pradip Das, Raju Nair, Rama Penta, Richard Hammond, Rick Voirin, Ron Larson, Ross Ellis, Sabine Bittmann, Siva Rajendran, Stephen Forte, Tal Goldhamer, Thomas D'Eri, Tom Hood, Troy Hickerson, Will Carey e Yen Yang Lim.

Aos meus leitores beta, cujo feedback foi i-n-e-s-t-i-m-á-v-e-l: do fundo do meu coração, obrigado, Andy Billings, Gil Forer, Kacee Johnson, Maurice Conti, Richard Hammond e Rob Evans.

A todos os nossos clientes da be radical e aos muitos colaboradores que encontramos ao longo do caminho — obrigado por me deixarem experimentar as coisas e pelo seu feedback generoso.

Para a minha equipe da be radical — Mafe, Jeffrey, Julian, Hucky e Jane: simplesmente eu não teria conseguido sem vocês. Amo vocês.

Minha mais profunda gratidão vai para Dan Hunter, meu amigo de escalada, por recarregar minhas baterias (e escalar algumas montanhas insanas comigo). Vamos para cima!

Por fim, ninguém é mais importante para mim (e, portanto, para este livro) do que você, Jane. Nós somos um.

Agora, vá e construa o que importa.

REFERÊNCIAS

CUIDADO COM O VÃO

Shaw, Bernard. 1962. *Man and Superman*. EUA: Heritage Press.

1 — DECODIFICANDO O FUTURO

Crews, Christian. 2015. *"Killing the Official Future"*. Research-Technology Management 58 (2015): 59–60.

Hartley, L. P. 2015. *The Go-Between*. RU: Penguin Books Limited.

Ries, Eric. 2011. *The Lean Startup: How Today's Entrepreneurs Use Continuous Innovation to Create Radically Successful Businesses*. RU: Crown Business.

Schwartz, Peter. 2012. *The Art of the Long View: Planning for the Future in an Uncertain World*. RU: Crown.

1.1 — O FUTURO É...

Ark Invest. 2020. *"What is Wright's Law?"*. Ark Invest. Consultado em 1º de setembro de 2022. https://ark-invest.com/wrights-law.

Boehm, Barry W. 1981. *Software Engineering Economics*. RU: Prentice-Hall.

cloud. 2022. Merriam-Webster.com. Consultado em 1º de setembro de 2022. https://www.merriam-webster.com/dictionary/cloud.

Computer History Museum. s.d. *"1993 / Timeline of Computer History / Computer History Museum"*. Consultado em 1º de setembro de 2022. https://www.computerhistory.org/timeline/1993.

Heffernan, Margaret. 2020. *Uncharted: How to Navigate the Future*. EUA: Simon and Schuster.

Hemingway, Ernest. 1954. *The Sun Also Rises*. RU: Scribner.

Hoffman, David. 2013. *"What Is the Cloud — By AT&T".* 9 de abril de 2013. 6:47. https://www.youtube.com/watch?v=_a7hK6kWttE.

Howe, Kenneth. 1996. *"AT&T Drops PersonaLink In Blow To General Magic"*. SFGATE. 12 de julho de 1996.

Intel. 2022. *"Cramming More Components onto Integrated Circuits"*. Consultado em 1º de setembro de 2022. https://www.intel.com/content/www/us/en/history/virtual-vault/articles/moores-law.

Kelly, Kevin. 2017. *The Inevitable: Understanding the 12 Technological Forces That Will Shape Our Future*. RU: Penguin Publishing Group.

Nagy, Béla, J. Doyne Farmer, Quan M. Bui e Jessika E. Trancik. 2012. *"Statistical Basis for Predicting Technological Progress"*. SFI WORKING PAPER: 2012-07-008.

WIRED. 2018. *"The Original WIRED Manifesto"*. WIRED. 18 de setembro de 2018. https://www.wired.com/story/original-wired-manifesto.

1.2 — DETECTANDO UM SINAL FRACO

Braudel, Fernand. 1995. *A History of Civilizations*. EUA: Penguin Publishing Group.

Clarke, Arthur C. 2013. *Profiles of the Future*. RU: Orion.

@foone. 2020. "É um chip surpreendentemente complexo. Você pode pensar que é muito limitado porque só tem 64 bytes de RAM, mas na verdade usa uma arquitetura otimizada para operar a 1 instrução por ciclo, o que rende uma boa performance numa CPU de 4MHz". Twitter. 3 de setembro de 2020, 8h44.

The VirtuLab. 2022. *"What Is Amara's Law and Why It's More Important Now than Ever"*. The VirtuLab. Consultado em 1º de setembro de 2022. https://thevirtulab.com/what-is-amaras-law.

1.3 — IDENTIFICANDO UM SINAL FORTE

Barrett, Brian. 2009. *"Worst Gadgets Gallery"*. Gizmodo. 23 de dezembro de 2009. https://gizmodo.com/worst-gadgets-gallery-5431759.

Brooks, Rodney. 2018. *"The Rodney Brooks Rules for Predicting a Technology's Commercial Success"*. IEEE Spectrum. 25 de outubro de 2018. https://spectrum.ieee.org/the-rodney-brooks-rules-for-predicting-a-technologys-commercial-success.

Elmer-Dewitt, Philip. 2008. *"The Unfiltered Steve Jobs"*. Fortune. 6 de março de 2008. https://fortune.com/2008/03/06/the-unfiltered-steve-jobs.

Hoffman, Reide Chris Yeh. 2018. *Blitzscaling: The Lightning-Fast Path to Building Massively Valuable Companies.* EUA: Crown.

Moore, Geoffrey A. 2015. *Zone to Win: Organizing to Compete in an Age of Disruption*. EUA: Diversion Books.

Mossberg, Walter S. 2000. *"CueCat Fails to Meet Its Promise of Being Convenient and Useful"*. Wall Street Journal. 12 de outubro de 2000. https://www.wsj.com/articles/SB971305166620370724.

Museum of Failure. 2022. *"CueCat"*. Museum of Failure's Collection. Consultado em 1º de setembro de 2022. https://collection.museumoffailure.com/cuecat.

2 — DISROMPENDO O FUTURO

Christensen, Clayton M. 2015. *The Innovator's Dilemma: When New Technologies Cause Great Firms to Fail*. EUA: Harvard Business Review Press.

Gara, Antoine. 2018. *"Jorge Paulo Lemann Says Era of Disruption in Consumer Brands Caught 3G Capital by Surprise"*. Forbes. 30 de abril. https://www.forbes.com/sites/antoinegara/2018/04/30/jorge-paulo-lemann-says-era-of-disruption-in-consumer-brands-caught-3g-capital-by-surprise.

Goodreads. 2022. *"Search Results for Disruption"*. Goodreads. Consultado em 1º de setembro de 2022. https://www.goodreads.com/search?utf8=%E2%9C%93&q=disruption&search%5C_type=books&search%5Bfield%5D=title.

Google. 2022. *"Disruption — Google Search"*. Google Inc. Consultado em 1º de setembro de 2022. https://www.google.com/search?q=disruption.

Google Trends. 2022. *"Google Trends: Disruption"*. Google Inc. Consultado em 1º de setembro de 2022. https://trends.google.com/trends/explore?date=all&geo=DE&q=disruption.

Listen Notes. 2022. *"Disruption in Podcasts"*. Listen Notes. Consultado em 1º de setembro de 2022. https://www.listennotes.com/search/?q=disruption.

MIT. 2022. *"Why 95% of New Products Miss the Mark (And How Yours Can Avoid the Same Fate)"*. MIT. Consultado em 1º de setembro de 2022. https://professionalprograms.mit.edu/why-95-of-new-products-miss-the-mark-and-how-yours-can-avoid-the-same-fate.

Mochari, Ilan. 2016. *"Why Half of the S&P 500 Companies Will Be Replaced in the Next Decade"*. Inc. 23 de março de 2016. https://www.inc.com/ilan-mochari/innosight-sp-500-new-companies.html.

Online Etymology Dictionary. 2022. *"Disruption (n.)"*. Online Etymology Dictionary. Consultado em 1º de setembro de 2022. https://www.etymonline.com/word/disruption.

Startup Genome. 2022. *"State of the Global Startup Economy"*. Startup Genome. Consultado em 1º de setembro de

2022. https://startupgenome.com/article/state-of-the-global-startup-economy.

2.1 — DISROMPENDO A DISRUPÇÃO

Amazon Web Services. 2012. *"2012 Re:Invent Day 2: Fireside Chat with Jeff Bezos & Werner Vogels"*. YouTube. 29 de novembro de 2012. 41:35. https://www.youtube.com/watch?v=O4MtQGRIIuA.

Andreessen, Marc. 2011. *"Why Software Is Eating the World"*. Andreessen Horowitz. 20 de agosto de 2011. https://a16z.com/2011/08/20/why-software-is-eating-the-world.

Andrews, Ronald. 2022. *"How Many Photos Does an Average Person Take and Retain in Albums When the Average Viewing Life of a Photo Us Less than 5 Seconds/Person?"*. Quora. Consultado em 1º de setembro de 2022. https://www.quora.com/How-many-photos-does-an-average-person-take-and-retain-in-albums-when-the-average-viewing-life-of-a-photo-us-less-than-5-seconds-person.

Associated Press. 2021. *"World's Last Blockbuster Video Store More Popular after Netflix Show"*. Chicago Tribune. 31 de março de 2021. https://www.chicagotribune.com/entertainment/what-to-watch/ct-ent-last-blockbuster-video-store-20210331-6nhms-go4ndldptojpmufexbk4-story.html.

Carrington, David. 2022. *"How Many Photos Will Be Taken in 2020?"*. Mylio. Consultado em 1º de setembro de 2022. https://news.mylio.com/how-many-photos-will-be-taken-in-2020/.

Christensen, Clayton M., David S. Duncan, Taddy Halle Karen Dillon. 2016. *Competing Against Luck: The Story of Innovation and Customer Choice*. EUA: HarperCollins.

Estrin, James. 2015. *"Kodak's First Digital Moment"*. The New York Times. 12 de agosto de 2015. https://archive.nytimes.com/lens.blogs.nytimes.com/2015/08/12/kodaks-first-digital-moment.

Forbes. 2007. *"Nokia — One Billion Customers. Can Anyone Catch the Cellphone King?"*. Forbes. Novembro de 2007.

MSPoweruser Power. 2013. *"Nokia's Stephen Elop Throwns an iPhone"*. YouTube. 22 de março de 2013. 1:10. https://www.youtube.com/watch?v=owvtKGlYFVA.

T4. 2021. *"Netflix Market Share"*. T4. 12 de março de 2021. https://www.t4.ai/companies/netflix-market-share.

Top Video Corner. 2016. *"'Nokia CEO' Ended His Speech in Tears, Saying This. Nokia CEO Cries Out"*. YouTube. 4 de março de 2016. 0:23. https://www.youtube.com/watch?v=3A6Lmyj1QK8.

2.2 — O MODELO DE MUDANÇAS DE ESTADO

Byju's. 2022. *"Changing States of Matter"*. Byju's. Consultado em 1º de setembro de 2022. https://byjus.com/physics/changing-states-of-matter.

Company-Histories.com. 2022. *"Blockbuster Inc"*. Company-Histories.com. Consultado em 1º de setembro de 2022. https://www.company-histories.com/Blockbuster-Inc-Company-History.html.

Kurzweil, Ray. 2001. *"The Law of Accelerating Returns"*. Kurzweil. 7 de março de 2001. https://www.kurzweilai.net/the-law-of-accelerating-returns.

Samor, Geraldo. 2018. *"Jorge Paulo Lemann is a 'Terrified Dinosaur'. But he is Not Lying Down"*. Negócios. 1º de maio de 2018. https://braziljournal.com/jorge-paulo-lemann-is-a-terrified-dinosaur-but-he-is-not-lying-down.

Schroter, John. 2011. *"Steve Jobs Introduces iPhone in 2007"*. YouTube. 8 de outubro de 2011. 10:19. https://www.youtube.com/watch?v=MnrJzXM7a6o.

Zippia. 2022. *"Blockbuster LLC History"*. Consultado em 1º de setembro de 2022. https://www.zippia.com/blockbuster-llc-careers-1327661/history.

2.3 — A RELEVÂNCIA DA RELEVÂNCIA SUSTENTÁVEL

Butterfield, Stewart. 2014. *"We Don't Sell Saddles Here"*. Medium. 7 de fevereiro de 2014. https://medium.com/@stewart/we-dont-sell-saddles-here-4c59524d650d.

Christensen, Clayton M. 2013. *The Innovator's Dilemma: When New Technologies Cause Great Firms to Fail*. EUA: Harvard Business Review Press.

Forbes. 2007. *"Nokia — One Billion Customers. Can Anyone Catch the Cellphone King?"*. Forbes. November 2007.

Hedges & Company. 2022. *"Ebay.com Auto Parts and Ebay Motors Revenue"*. Hedges & Company. Consultado em 1º de setembro de 2022. https://hedgescompany.com/blog/tag/ebay.

Nokia. 2022. *"Our History"*. Nokia. Consultado em 1º de setembro de 2022. https://www.nokia.com/about-us/company/our-history.

Smith, Tony. 2007. *"15 Years Ago: The First Mass-Produced GSM Phone"*. The Register. 9 de novembro de 2007. https://www.theregister.com/2007/11/09/ft_nokia_1011.

smugmacgeek. 2007. *"Ballmer Laughs at iPhone"*. YouTube. 18 de setembro de 2007. 2:22. https://www.youtube.com/watch?v=eywi0h_Y5_U.

3.1 — FALHAS (OS QUATRO CAVALEIROS)

Andreessen, Marc. 2007. *"The Only Thing That Matters"*. Pmarchive. 25 de junho de 2007. https://fictivekin.github.io/pmarchive-jekyll/guide_to_startups_part4.

Arrington, Michael. 2010. *"Overheard: Steve Jobs Says Apple Tablet 'Will Be The Most Important Thing I've Ever Done'"*. TechCrunch. 25 de janeiro de 2010. https://techcrunch.com/2010/01/24/steve-jobs-tablet-most-important.

Baghai, Mehrdad., David White e Steve Coley. 2000. *The Alchemy of Growth: Practical Insights for Building the Enduring Enterprise*. RU: Basic Books.

Christensen, Clayton M. 2013. *The Innovator's Dilemma: When New Technologies Cause Great Firms to Fail.* EUA: Harvard Business Review Press.

Elliott, Edward B. 1862. *Horae Apocalypticae, Vol. I (5th ed.).* Londres: Seely, Jackson and Halliday.

Hargrove, Jerry. 2022. *"A History of Amazon Web Services (AWS)"*. Consultado em 1º de setembro de 2022. https://www.awsgeek.com/AWS-History.

Johns Hopkins Medicine. 2022. *"The Immune System"*. Consultado em 1º de setembro de 2022. https://www.hopkinsmedicine.org/health/conditions-and-diseases/the-immune-system.

Moore, Geoffrey A. 1991. *Crossing the Chasm: Marketing and Selling Technology Project.* EUA: HarperCollins.

Moore, Geoffrey A. 2015. *Zone to Win: Organizing to Compete in an Age of Disruption.* EUA: Diversion Books.

Nisen, Max. 2013. *"Intuit Founder: 'Success Makes Companies Stupid'"*. Business Insider. 26 de fevereiro de 2013. https://www.businessinsider.in/INTUIT-FOUNDER-Success-Makes-Companies-Stupid/articleshow/21318373.cms.

Samor, Geraldo. 2018. *"Jorge Paulo Lemann Is a 'Terrified Dinosaur'. But He Is Not Lying Down"*. Negócios. 1º de maio de 2018. https://braziljournal.com/jorge-paulo-lemann-is-a-terrified-dinosaur-but-he-is-not-lying-down.

Viguerie, S. Patrick, Ned Calder e Brian Hindo. 2021. *"2021 Corporate Longevity Forecast"*. Innosight. Maio de 2021. https://www.innosight.com/insight/creative-destruction.

Watson, Stephanie. 2022. *"Autoimmune Diseases: Types, Symptoms, Causese More"*. Healthline. 15 de julho de 2022. https://www.healthline.com/health/autoimmune-disorders.

3.2 – SOLUÇÕES

Yahoo Finance. 2022. *"EA Interactive Stock Chart"*. Yahoo. Consultado em 1º de setembro de 2022. https://finance.yahoo.com/chart/EA.

3.2.1 — CHAVE 1: RACIOCINANDO A PARTIR DA PRIMEIRA CAUSA

Flowers, Erike Rana Hannoush. 2021. *"Why Every Company Should Be Doing a Follow Me Home"*. Intuit Developer. 21 de janeiro de 2021. https://blogs.intuit.com/blog/2021/01/21/why-every-company-should-be-doing-a-follow-me-home.

innomind. 2013. *"The First Principles Method Explained by Elon Musk"*. YouTube. 4 de dezembro de 2013. 2:48. https://www.youtube.com/watch?v=NV3sBlRgzTI.

Porter, Michael E. e Nitin Nohria. 2018. *"What Do CEOs Actually Do?"*. Harvard Business Review. Julho-agosto de 2018. https://hbr.org/2018/07/what-do-ceos-actually-do.

VanderMeer, Jeff. 2014. *Authority*. RU: Fourth Estate.

3.2.2 — KEY 2: AGILIDADE EM TODOS OS LUGARES

Agile Alliance. 2022. *"What is Agile?"*. Agile Alliance. Consultado em 1º de setembro de 2022. https://www.agilealliance.org/agile101.

Beck, Kent, Mike Beedle, et al. 2001. *"Manifesto for Agile Software Development"*. Manifesto for Agile Software Development. Consultado em 1º de setembro de 2022. https://agilemanifesto.org.

digital.ai. 2022. *"15th Annual State of Agile Report"*. digital.ai. Consultado em 1º de setembro de 2022. https://digital.ai/resource-center/analyst-reports/state-of-agile-report.

Joe Justice. 2022. *"Only the Best Parts — Montage by SOLJIT — Joe Justice — Agile at Tesla"*. YouTube. 12 de julho de 2022. 13:14. https://www.youtube.com/watch?v=XQbmMqtthSw.

Lex Clips. 2021. *"Elon Musk: Dan Carlin's Hardcore History is the greatest podcast ever | Lex Fridman Podcast

Clips". YouTube. 31 de dezembro de 2021. https://www.youtube.com/watch?v=4KlwNdINqeg.

Ries, Eric. 2011. *The Lean Startup: How Today's Entrepreneurs Use Continuous Innovation to Create Radically Successful Businesses*. EUA: Crown Business.

Vernon, Austin. 2021. *"Why Doesn't Software Show Up in Productivity?"*. Austin Vernon. 10 de agosto de 2021. https://austinvernon.site/blog/softwareisprocess.html.

3.2.3 — CHAVE 3: NÚCLEO E BORDA

Arena, Michael J. 2018. *Adaptive Space: How GM and Other Companies are Positively Disrupting Themselves and Transforming into Agile Organizations*. EUA: McGraw-Hill Education.

Brett, Jeannee Dashun Wang. 2020. *"If You Want Creative Solutions, Keep Your Team Small"*. Scientific American. 20 de fevereiro dc 2020. https://blogs.scientificamerican.com/observations/if-you-want-creative-solutions-keep-your-team-small.

Christensen, Clayton M. 2022. *"Disruptive Innovation"*. Clayton Christensen. Consultado em 1º de setembro de 2022. https://claytonchristensen.com/key-concepts.

Collins, Jim. 2001. *Good to Great: Why Some Companies Make the Leap... And Others Don't*. EUA: HarperCollins.

Dweck, Carol. 2007. *Mindset: The New Psychology of Success*. EUA: Ballantine Books.

Hagel John. 2020. *"Unleashing Motivation for Transformation"*. The Deloitte Center for the Edge. Consultado em 1º de setembro de 2022. https://www2.deloitte.com/content/dam/insights/us/articles/5124_Unleashing-motivation-for-transformation/DI_Unleashing-motivation-for-transformation.pdf.

Hagel, John III, John Seely Browne Lang Davison. 2009. *"How to Bring the Core to the Edge"*. Harvard Business Review.

6 de fevereiro de 2009. https://hbr.org/2009/02/how-to-bring-the-edge-to-the-c.html.

Hoffman, Reid. 2020. *"Myths About Failure"*. Greylock. 20 de agosto de 2020. https://greylock.com/greymatter/reid-hoffman-myths-about-failure.

HSMAmericas. 2008. *"Business of Business Is People: Herb Kelleher"*. YouTube. 14 de outubro de 2008. 5:19. https://www.youtube.com/watch?v=oxTFA1kh1m8.

Johnson, Barry. 1992. *Polarity Management: Identifying and Managing Unsolvable Problems*. EUA: Human Resource Development.

McKinsey & Company. 2009. *"Enduring Ideas: The Three Horizons of Growth"*. McKinsey & Company. 1º de dezembro de 2009. https://www.mckinsey.com/business-functions/strategy-and-corporate-finance/our-insights/enduring-ideas-the-three-horizons-of-growth.

Tushman, Michael L. and O'Reilly, Charles A. 1996. *"The ambidextrous organization: managing evolutionary and revolutionary change"*. California Management Review. 38: 1–23.

Zalik, Nir. 2010. *"SodaStream to Float Stock on Wall St"*. Haaretz. 20 de outubro de 2010. https://web.archive.org/web/20150610211431/http://www.haaretz.com/print-edition/business/sodastream-to-float-stock-on-wall-st-1.320137.

3.2.4 — CHAVE 4: LIDERANÇA

Berger, Warren. 2014. *A More Beautiful Question: The Power of Inquiry to Spark Breakthrough Ideas*. EUA: Bloomsbury.

Bennis, Warren and Burt Nanus. 1986. *Leaders: The Strategies for Taking Charge*. RU: Harper & Row.

Collins, Jim. 2001. *Good to Great: Why Some Companies Make the Leap... and Others Don't*. RU: HarperCollins.

Cron, Lisa. 2012. *Wired for Story: The Writer's Guide to Using Brain Science to Hook Readers from the Very First Sentence*. EUA: Ten Speed Press.

Heider, Fritze Marianne Simmel. 1944. *"An Experimental Study of Apparent Behavior"*. The American Journal of Psychology 57, nº 2 (1944): 243–59. https://doi.org/10.2307/1416950.

Hemingway, Ernest. 1954. *The Sun Also Rises*. RU: Scribner.

Hock, Dee. 1999. *Birth of the Chaordic Age*. EUA: Berrett-Koehler Publishers.

Kennedy, John F. 1962. *"We choose to go to the Moon"*. Rice University. Consultado em 1º de setembro de 2022. https://www.rice.edu/jfk-speech.

Marcec, Dan. 2018. *"CEO Tenure Rates"*. Harvard Law School Forum on Corporate Governance. 12 de fevereiro de 2018. https://corpgov.law.harvard.edu/2018/02/12/ceo-tenure-rates.

Rosenthal, Sara Brin, Colin R. Twomey, Andrew T. Hartnett, Hai Shan Wue Iain D. Couzin. 2015. *"Revealing the Hidden Networks of Interaction in Mobile Animal Groups Allows Prediction of Complex Behavioral Contagion"*. Proceedings of the National Academy of Sciences of the United States of America. Vol. 112,15 (2015): 4690–5. https://www.ncbi.nlm.nih.gov/pmc/articles/PMC4403201.

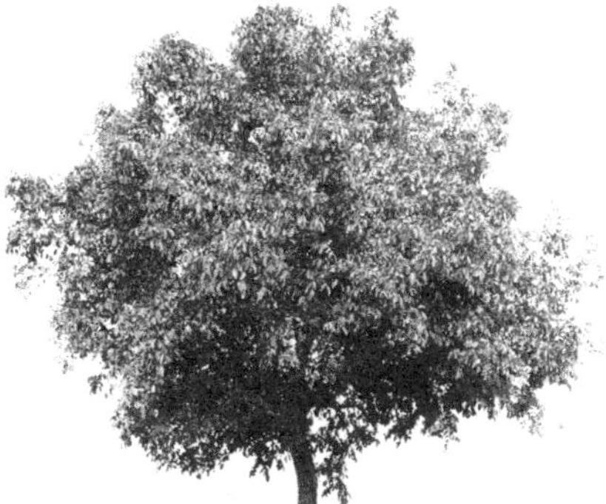

TIPOGRAFIA:
Brutal Type (título)
Untitled Serif (texto)

PAPEL:
Cartão LD 250g/m2 (capa)
Pólen Soft LD 80g/m (miolo)